東洋文庫
656

パリジェンヌのラサ旅行
2

A・ダヴィッド＝ネール
中谷真理訳

平凡社

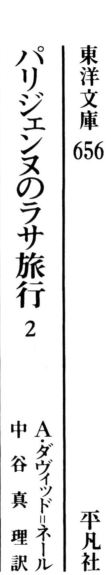

装幀　原　弘

チベットの巡礼姿のアレクサンドラ・ダヴィッド＝ネール。日用品を入れた袋と鍋と羊の皮で作ったふいごを背にしている。ラサ旅行直後カルカッタで写す。

第二巻目次

第一巻目次

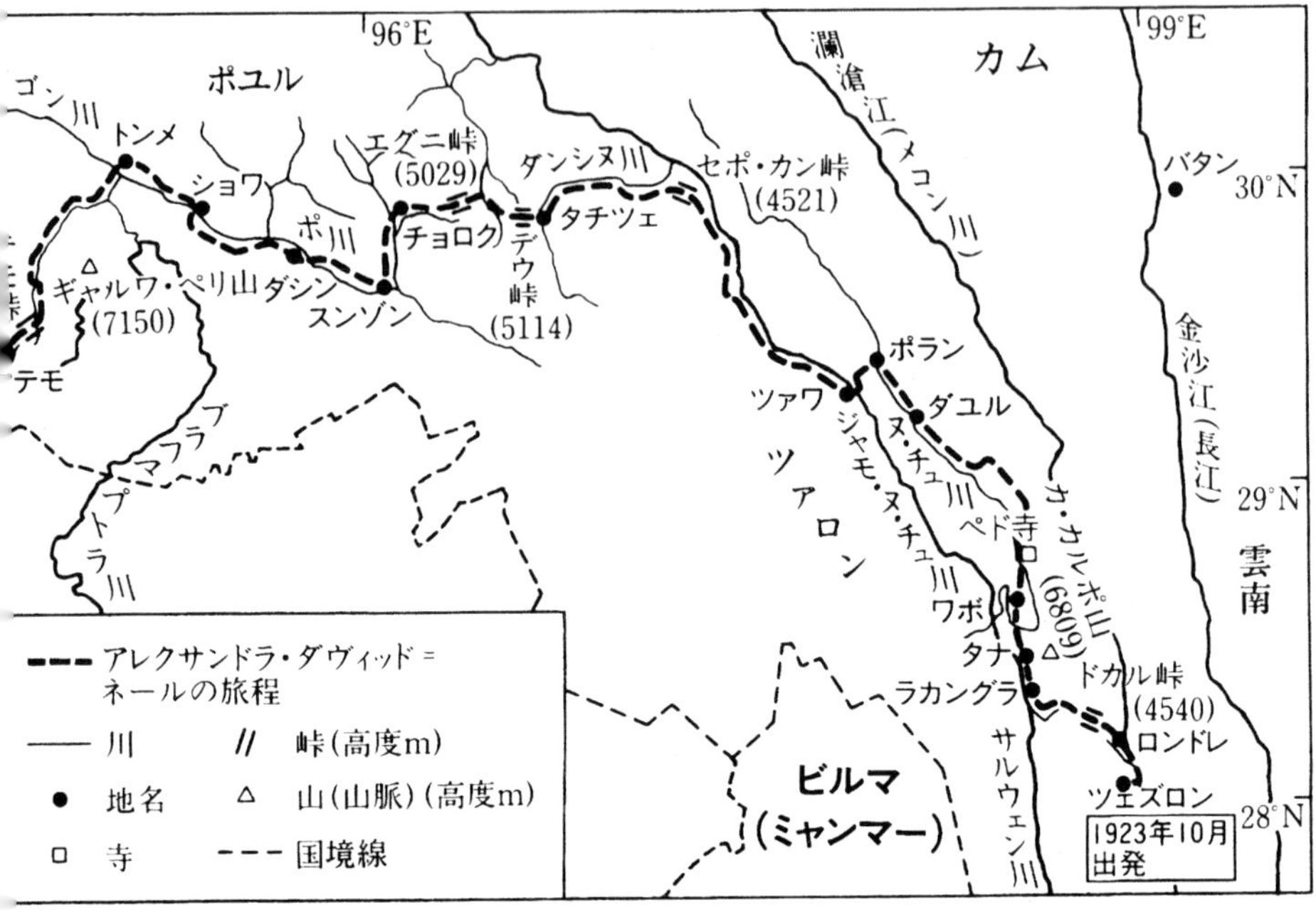
96°E
99°E
ポユル
カム
ゴン川
トンメ
ショワ
ポ川
エグニ峠
(5029)
ダンシヌ川
セポ・カン峠
(4521)
瀾滄江(メコン川)
バタン
30°N
チョロク
タチツェ
デウ峠
(5114)
ギャルワ・ペリ山
(7150)
ダシン
スンゾン
テモ
ポラン
ダユル
ツァワ
ツァロン
ジャモ・ヌ・チュ川
ヌ・チュ川
ペド寺
カ・カルポ山
(6809)
金沙江(長江)
29°N
雲南
ワボ
タナ
ラカングラ
ドカル峠
(4540)
ロンドレ
ツェズロン
1923年10月
出発
28°N
ビルマ
(ミャンマー)
サルウェン川
ブラマプトラ川
アレクサンドラ・ダヴィッド＝ネールの旅程
川
峠(高度m)
地名
山(山脈)(高度m)
寺
国境線

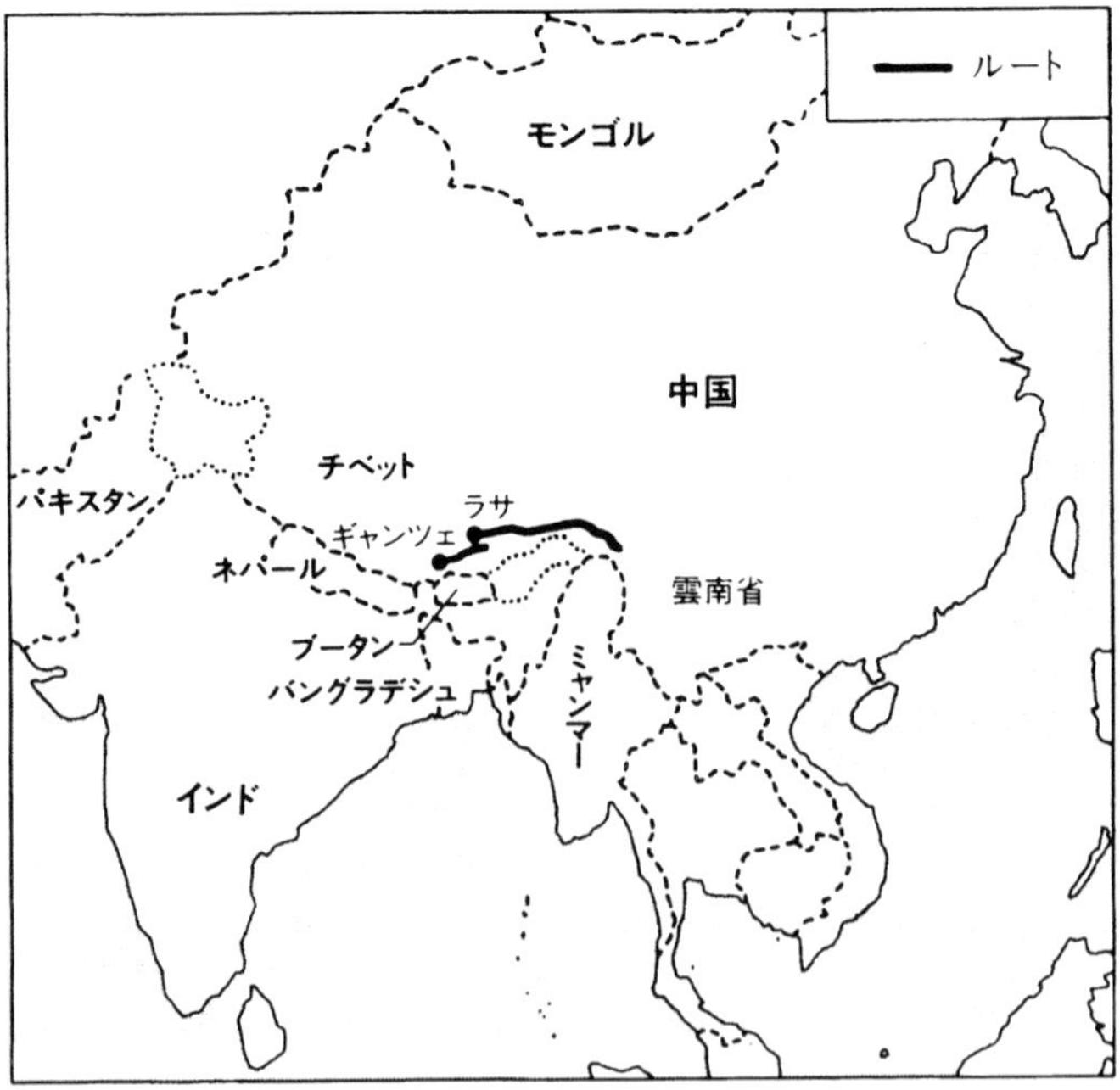
ルート
モンゴル
中国
チベット
パキスタン
ラサ
ギャンツェ
ネパール
ブータン
バングラデシュ
雲南省
ミャンマー
インド

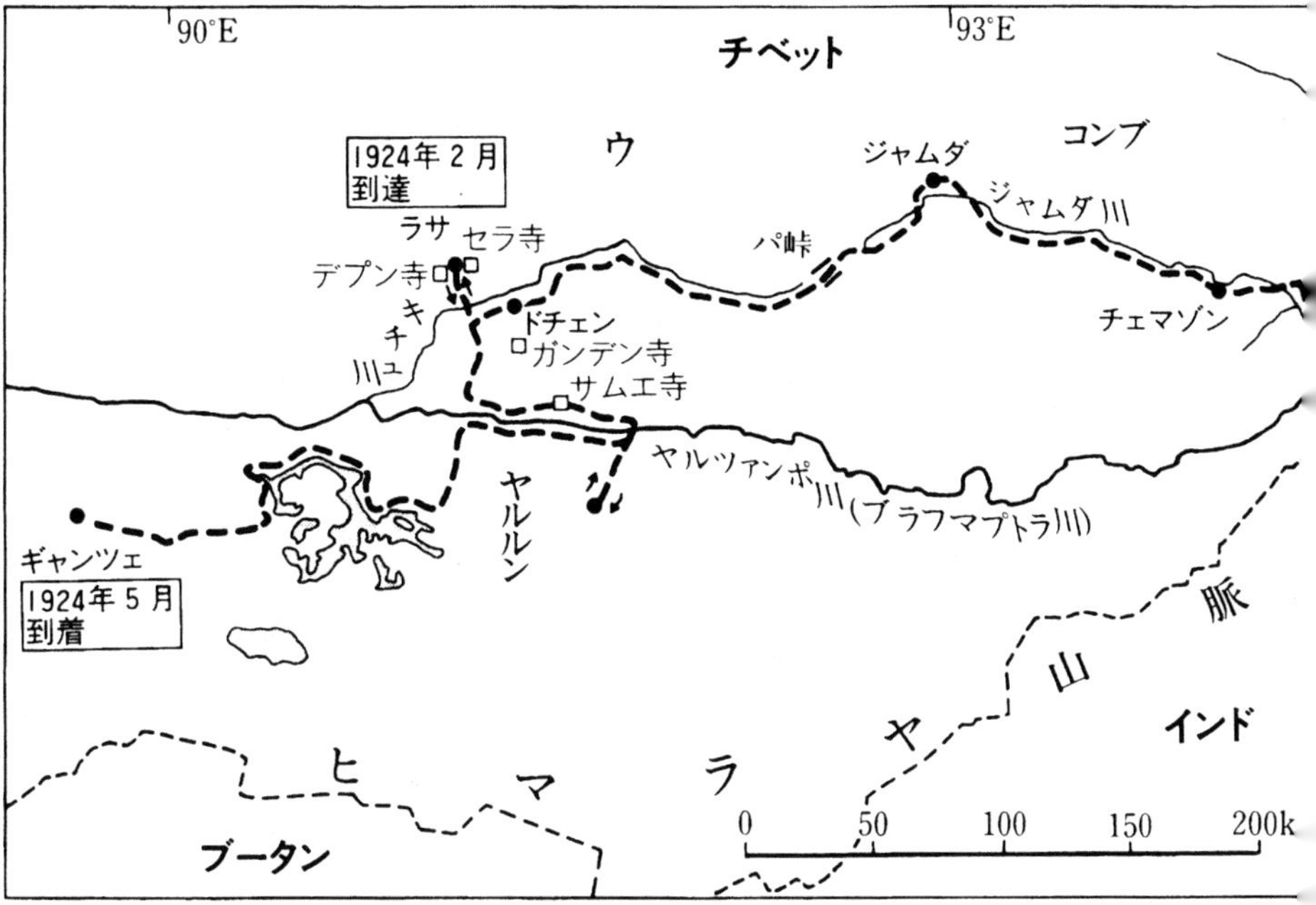

アレクサンドラ・ダヴィッド=ネール　ラサ旅行行程図
雲南－ラサ：1923年10月－1924年2月
ラサ－ギャンツェ：1924年4月－1924年5月

凡例

一、本書はアレクサンドラ・ダヴィッド＝ネール Alexandra David-Néel の “Voyage d'une Parisenne à Lhassa, à pied et en mendiant de la Chine à l'Inde à travers le Tibet”, Paris, Plon, 1927 の全訳である。
二、原著の注記は脚注となっているが、本書では各章の終りにまとめた。
三、チベット語は原著において発音どおりフランス語表記されている。
四、地図は訳者が作成した。
五、この旅行中、原著者はカメラを携行しなかったので残された写真は僅かであるが、最近刊行されたダヴィッド＝ネールに関する写真集などから、関係するものを選んで挿入した。

パリジェンヌのラサ旅行 2

徒歩で托鉢をしながら、中国から
チベットを通ってインドへ

A・ダヴィッド＝ネール

中《なか》谷《たに》真《ま》理《り》訳

第六章　ポ・ツァンポ川源流を探検する

何時間眠っただろう。私にはわからない。さっき眼を閉じたばかりに思える。

「出発の時間です」

繰り返して言う男の声で目が醒めた。暗い室内が突然に明るくなって眩しい。牧童が燠火《おきび》に一抱えの小枝を投げ入れたのだ。乾燥した木がパチパチと燃え、舞い上がる勢いのよい炎が、床の上に長くなって眠っている人々の姿を照らしだした。何か呟いて、掛け布団を一層しっかりと巻き付けた者もいた。

私たちは数分のうちに準備を終えた。帯をしめ、長靴を履くだけの身支度だった。昨夜、袋の紐を解いてはいなかった。

「カレ・ペブ（ゆっくりと、おいきなさい）、お坊さん」

戸口の敷居をまたごうとしたとき、この家の主人（ネポ）が羊の皮の寝床の中から出ずに叫んだ。

外は、山の端に隠れた月の光がほのかに谷を照らしていた。強風が吹き、寒気が身に滲みた。チベット服の長い袖に覆われている指先が、凍えるまでにこわばって痛み、杖を持っていることも辛かった。

羊飼は、馬にお乗りくださいと言ったが、私もヨンデンも断わった。まったくもって寒さが厳しくて、太陽が昇るまでは歩きたいと思ったからだ。
二、三時間歩いたころ、薄灰色の曙光がさし始め、続いて雲間から陽がためらいがちに昇った。私たちは冬になって黄色くなった草の小さな牧場を横切って行った。
進むにつれて、横谷に積もっている大量の雪が道に溢れ出て、雪はどんどん深くなっていた。左の方向に、巨大な白丘が見えた。案内の羊飼は、そこで道が二本に分岐して、一本の道は三つの峠に通じているが、その道は今は雪で完全に閉ざされていると言った。私が得ていた情報に疑いを持てなくなった。山を歩き回りたいと願っていたことも、できないとわかった。

だが、羊飼たちが心を痛めているこの年の長い干魃のために、エグニ峠は容易に登れた。正午ころに、峠の頂上にあるラツァに至った。案内してくれたドクパ（羊飼）は、ここで、運んで来た私たちの荷物をおろして、私たちと別れて馬を連れて帰ろうとした。

私は、善良な人がしてくれた労苦にはお礼をしたいと常に思っていたが、この時には、私たちの変装している姿や身の安全を考えると、あまり気前の良いことはできなかった。ヨンデンが、この羊飼に、ラマ僧に無報酬で奉仕することから得られる功徳についての説教をしたのは、私たちが無一物であると、彼に思い込ませるためだった。家の皆が眠り込んでいた夜中に、私はヨンデンにすべきことを耳打ちした。彼は、私の指示に従って次のようにしたのだった。

彼は、財布から二枚の銀貨と紙の袋に入った幾摑みかの糸杉の乾燥葉をおもむろに取り出して、もったいぶった口調で言った。

「この銀貨は俺の全財産だ。タシ・ツェのポンポ（高官）のためにゾン（館）でお経を読んだときに、貰った布施だ。俺たち二人が大層世話をかけたのでこれを取ってくれ。このサンギュ[1]はカ・カルポという非常に遠い巡礼地のものだが、これもあげよう」

それは、馬を借りたことに対して支払った額としては、少なかったが、物々交換のみで取引をしているドクパ（羊飼）たちにとっては、貨幣は非常に珍しく、彼には充分満足できる額にちがいなかった。彼は、盗まれることを恐れて、貰った金銭について、仲間たちには黙っていると私たちは確信していた。このようにして私たちは慎重でありながら、同時に案内してくれたドクパ（羊飼）に誠実であろうとしたのだった。

ヨンデンは言葉を続け、これから行く地方には、自分たちには強力な庇護者がいると、彼に教えようとした。彼は自分の仲間にこの話を言い触らすだろうから、仲間たちもそう思い込んで、私たちの後を追いかけて来て追い剝ぎをしようと企んでいる者がいてもきっと考え直すに違いなかった。

「兄弟、このお金を受け取ってくれ。俺たちは、もうポ・ギャルポ[2]の国に着いた。この国の王のアムツゥ[3]は親しい友人だ。彼と俺は二人とも、ラサのセラ大寺院に属している。困ったときには、彼が王に援助を頼んでくれるだろう」とヨンデンは言った。

ドクパ（羊飼）はヨンデンの名誉ある知己を知って、彼を一層高く評価し、より尊敬を表して言った。

「もちろん王様は援助されますとも、クショ[4]。だが、私はサンギュだけを貰います。それは、巡礼の聖地のこの上なく貴いものです。お金を貰ったりすれば、ラマ僧に奉仕した善行が消えてしまうでしょう。大変有難いのですが、いりません。善行を積んでおきたいのです。それは、この世でも来世でも役に立つでしょうから。私を祝福してください、お坊様。さあ急いで帰らなくてはならない。カレ・ペブ、お坊様！　カレ・ペブ、お母さん！」

彼は、この世か来世で芽吹き花開く未来の至福の種を蒔いたと確信し、高峰に生じた香しい葉の一握りの粉を手にして、幸せにみちて帰った。正直で素朴な信仰心よ！　私の心からの祈りが彼に届くように。

私たちは、二人とも無言でラツァ（ケルン）のそばに立っていた。このようなとき、チベットの習慣では、「ラ・ギャロ」(5)と叫ぶ。私たちは、普通ならば、どんなに疲れていても、登りきった時には、征服した頂上にこの挨拶を大喜びで叫んだ。だが、今回は少しも心に沸きあがる喜びを感じなかった。この時には、長く歩くことに慣れていたので、短い馬の旅が私たちには贅沢な遊びに思えた。雲南を出発して以来、疲れないで頂上に到達したのは今回が始めてだった。私たちが陽気に勝利を喜べなかったのは、この故だったにちがいない。

「ラ・ギャロ！」

しかし、ようやく私たちは、思わず、ずっと以前からしていたとおりに、この伝統的な挨拶を殆ど同時に叫んだ。声は不思議にも響かず、それらの音の短い振動は、まるで翼の傷ついた鳥のように落下してしまったらしく、こだまは、近くの斜面から返ってこなかった。

「雪が降るだろう」とヨンデンはいつにない考え込んだようすで言った。

「あまりにも薄暗い夜明けだったので、雪になるでしょう。けれども、今日、雪が降りますか？　あの家のネポ（主人）は、あなたが与えた種を定められた時刻の前に投げてしまわなかったでしょうか」と私は冗談を言ったが、ヨンデンの気分は晴れなかった。

「急いでください」と彼はそっけなく言った。

私はこれほど沈んだ気分のヨンデンを見たくなかった。

「ココノールのナクパ（呪術師）を覚えていますか」と私は言った。

「羊飼たちの話では、彼は雨や雪やあられを思いのままに降らせたり止めたりすることができるそうです。私は彼から呪文の幾つかを学びました。賭けをしましょう。あなたは雪を呼んだ。私はその雪が止むようにしてみましょう。どちらが勝つでしょう」

青年はにこりともせず、こう答えた。

「貧しい彼らには、牧場に雪が降らないと困るのです。雪を降らせておいてください」

それ以上は何も言わず、純白の斜面を下り始めた。

彼の奇妙なようすに私は驚いた。なぜ雪にこれほどこだわるのだろう。私たちはこれまでの旅で幾度も雪にあっている。ここで、特にこのように村の近くで、雪を恐れる理由はまったくないはずだった。

私は、頂上を出発する前に、いつものように一時瞑想をして、全人類の幸せを祈った。そしてヨンデンの後を急いで追った。彼は、大股で歩いて私よりかなり先を下っていた。

私は努めて早く歩こうとしたが、ヨンデンとの距離はどんどん開いた。私は、追い付くために、坂の勾配は緩くなるが時間のかかるジグザグ道を取らずに、一直線に降りようと思いついた。その時、目に見えない優しい妖精が、私の困窮に同情して、親切に手助けをしようとして、足を引っ張ってくれると私は想像した。一秒の一〇分の一の間に私は落下し、それは全くトボガンそりの競争のようだった。はっきりとした違いは、私自身がそりであり操縦者でもあるということだった。

幸いにも、私は杖の先の石突きの近くをつかむことができ、それをどうにか、方向を取る舵として使うことができた。こうしてまったくカーブを描かずに、驚いているヨンデンの前を急行列車のように通り過ぎ、彼の前方遠くで止まった。

彼は全速力で走ってきて、私に追いついた。その間、私は起き上がり、雪の中に埋まった袋を取り出した。彼は私がどこも怪我をしていないと知ると、好んでしたのではなかったが、体操競技のような見事な技だったと、冗談を言って誉めた。ともかく、こうしたので、私は遠回りをしなくてすんだ。だが、私の若い同行者の気分が晴れたことが、このことの最良の成果だった。いつもは快活で、心配性ではない彼の心が、どんな漠然とした予感によって一時落ち込んでいたのだろうか。私はそれを、あえて解き明かそうとはしなかったが、私たちがかなり波乱に満ちた冒険に向かって進んでいたことは事実だった。

エグニ峠を越えるとすぐに見えてきた景色から、私たちは先に出発してきた地域とはかなり異なった地域を横断すると知った。空気は湿っていて、泥濘《ぬかる》んだ地面は所々がほとんど沼地のようになっていた。谷々に積み上げられている枯れ草も雪に覆われ、それが大きな白い斑点となって、随所に見えた。この地域で夏の間に放牧している羊飼たちは、山の反対側にいる羊飼たちとは異なって、干ばつを嘆くことは全くないだろう。

まもなく、森林の多い地域に入った。エグニ峠の下から発した川がこの狭い谷を静かに流れ続け、山の広い牧場に達していた。牧場の向こうには、別の谷の入口が見えた。その谷が、今の時期には閉ざされているとドクパ（羊飼）たちが話していた峠に向かって登っていることは、私たちにも容易に解った。その谷から、私たちが沿って辿ってきた川よりも大きな川が発していて、この二本の川が合流して、もう一つの谷を流れ下ってポ低地地方（ポ・メ）に向かい、そこで、多くの支流を集めて水量を増して、エスル・ツァンポ川（ブラフマプトラ川）に流れ込んでいる。私が越えてきた高い山々の雪解け水は、これらの川に運ばれてインド洋に至っているのだ。

こうして、私は、ポ川（ポルン・ツァンポ川）の水源地域に着いていた。この川の上流は未だヨーロッパ人には未探検の地だった。私は、流れ出している一本の川を先ほど発見し、さらに二番目の川の水源の見当を付けてきたばかりだった。この成果には、まずまず満足した。特殊な条件で行ったこの旅行では、横断した未踏の地について、余り詳しい知識を得ることはできなかった。だが、私は正面に開けているこの谷に是非とも少しでも足を踏み入れたいと思った。

谷の上に聳えている峠の頂上に、この斜面から登って到達できるとは到底思えなかったが、谷にある水源にではなくとも、そこに近い地点までは行きたいと思った。

私は、峠に向かって再び登ろうと決心するや、ヨンデンにこの計画を簡潔に説明した。彼は、私よりも言葉少なにこう答えただけだった。

「雪が降って、食料が足りなくなるだろう」

それは確かに一考に値することだった。

雪が降る？……　それは、恐れることではなかった。食料については、ヨンデンと袋を開けて中身を調べて、三食分が残っていると確認した。三回の食事は、三日分の食料に相当する。人里離れた所に来て、満腹するまで食べようとは思ってはいなかったし、このような高地の渓谷に居続けるつもりはなかった。ひと目眺めることで、私の好奇心は満たされ、ポ地方の未知の土地に関心を持っている人々に幾分かの情報をもたらすことができるだろう。

「行きましょう！」

日没とともに雪は降り始め、最初は薄闇の木々の間をひらひらと飛ぶ、白い蝶々のような軽い雪だった。次第に重くなって、規則的に真っすぐに降りしきる牡丹雪となった。この雪は、風のない天候の時に、緩慢に執拗に降り続けて、高い峰々を覆い、谷間を埋めてしまう。

「テントを張りましょう。なかで火を起こしてお茶を沸かしましょう」と私はヨンデンに言った。

私たちは是非とも食事をしなくてはならなかった。昨日の晩から何も食べていなかった。

木々の下に枯れ木は僅かしかなく、充分な量の薪を拾い集めるために長い時間が掛かった。粗末な夜食を急いで終えると、燃え残りの薪をすぐに外に捨てた。薄い綿製のテントの上に積もった雪が、熾火《おきび》の熱によって溶けて、にわか雨のように降り落ちてきたからだ。間もなく、テントの上に急速に降り積もった雪の重みに、支柱にしている巡礼の杖が、長くはもたないことも明らかになった。杖はたいそう重宝だったので、そのまま折れるにまかせることはできなかった。そこでテントを張ったそばの岩に、テントの布をくくり付け、数個の石でおさえて泊まれるだけのものを作った。それができあがると、中に入って、すぐに眠り込んでしまった。

押し潰されるような息苦しさを感じて、目が醒めた。起き上がろうとすると、額を天井にぶつけた。多く積もった雪の重みで、テントがたわんだのだとすぐに気付いた。私たちは生き埋めになってしまう。

差し迫った状況ではなく、雪はさほど大量に積もっていなかった。だが、テントが私たちの体の上に完全に覆いかぶさっているのではなく、まだ動く余地があるうちに、この墓から急いで逃れるべきだった。

私は深く眠り込んでいるヨンデンを叩いて起した。突発したことをわからせる説明は必要なかった。する事だけを言った。

「ゆっくりと腹ばいになりなさい。背中でテントを持ち上げながら一緒に起き上がりましょう。いいですか、一、二、三！」

脱出したが、それで快適さが増したわけではなかった。雪はやはり降り続いていた。すぐにその下に生き埋めになってしまうようなテントを、再度建てようとは思わなかった。休憩はできそうにないので、出発する以外になかった。

夜明けまで歩き、その日の午前中も歩き続けたが、長い行程を進めなかった。柔らかい雪が深く積もって、早く歩けなかった。部分的に溶けた雪が凍結することを幾度か繰り返した、古い雪の層によって作られたミニチュアの氷河が、雪の下に隠されていた。一歩進む毎に殆ど一回滑った。数時間このように奮闘して私たちは疲れ果てた。

正午頃に、サ・プク[6]を見つけて、私たちは大喜びした。

荷物をすぐにそこにおろした。洞窟の上につき出ている木の根にテントを結び付けてカーテンのように吊って、寒気を完全に防いだ。燃料はまったくなかった。このような高度で、稀ながらまだ生えていた、地面を這っている小さな灌木も、雪の下に姿を消していた。私たちは、ツァンパを食べた。僅かな雪を口の中で溶かして、その水で流し込んだ。そしてほぼ二晩睡眠をとっていなかったので疲れきって、ぐっすりと眠り込んでしまった。

翌朝の夜明けまで眠り込んだ。目醒めたとき、雪はまだ降っていた。私たちの先史時代の住居の前に積もった雪の壁の高さから、おそらく夜中止むことなく降り続いたと思えた。

　私は、それでもなお、この谷の奥を探検調査するために、できるかぎり高所まで登って行こうと決めた。荷物は洞窟に残しておくことにした。登った道を引き返して来て、村落に下りることになるので、いずれにしても荷物を途中で取ることになる。

　このあたりには人家はなく、今は行き止まりになっているこの一本の道筋では、盗人を恐れる必要はまったくなかった。

　私たちは再び出発した。雪は、すでに四〇時間以上、しんしんと容赦なく降り続いていた。私たちは越えられない懸崖に至った。反対側の斜面にも同じ懸崖が垣間見えていた。この谷底を進み続けることはできなくなった。そこで、近くの斜面によじ登った。その斜面から、降りしきる白い雪片の動くカーテンを通して、波打っているような小台地、あるいは稜線に向かって緩やかに登って行く斜面がぼんやりとではあったが見えるようだった。しかし雪は地面を平にしてしまい、風景を変えてしまう。冬には山の風景の輪郭がどんなにか変わるものであり、雪で覆われて丸い形になっているこのような山が、夏にはとがった支嶺や近づき難い尖峰を露わすことは登山家なら誰でも知っている。

　地勢を観察したところから、斜面をかなり苦労して下り、川の水源があるかを確かめることができると思われる場所まで行こうとした。水源は、私が見た小さな谷間の奥に隠れていて、この大きな谷を流れている川に水を送っていると思えた。目的地に向かって進んでいると、背後で叫び声が聞こえた。ヨンデンが近道を取ろうとして、窪地に滑り落ちてしまったのだ。幸い窪地はそれほど深くはなかったが、周りの壁がほぼ垂直になっていたので、よじ登って出てくることは難しかった。数分かかって、私はそこに降りた。

ヨンデンは倒れていた。彼の僧服は、あちこちが破れて、周りの雪は血で点々と染まっていた。画家ならば、このヨンデンをモデルに劇的な絵を描いたことだろう。

彼は私に心配をかけまいとして、すぐにこう言った。

「なんでもありません、大丈夫です。岩のかどに頭をぶつけたにちがいなく、皮が少し切れましたが、大した傷ではないです。ご心配なく。打ったときに、少し目が眩んだだけです」

そして、起き上がろうとして、思わず呻いた。顔は蒼白で目を閉じていた。

「足が！」と彼は低い声で言った。

再び起きあがろうとしたが、できなかった。

「駄目だ。立ち上がれない」と言った。痛みのために両目から涙が落ちた。

大変なことが起こったと私は思った。足を骨折したのだろうか。そうだとしたら、このような人里離れた場所で、食料もなく、刻々と深く降り積もってゆく雪の中で、どうすることができるだろう。

私はすぐさまヨンデンの長靴を脱がせて、足を調べた。骨に異常はないと思えた。片方の足首をくじいただけで、膝に軽い打撲傷を負っていた。この事故による痛みがどれほど激しくても、それはヨンデンの命や健康を危険にするものではなかった。しかし、人の住んでいる場所で彼がこうなったのであればまだ良かったのだったが、ここは……

ヨンデンも、私と同様にこの状況の深刻さを理解していた。彼はもう一度身を起こそうと試みた。私が支えると、彼はうまく起き上がって、杖に縋りながら片足で立った。

「膝と手を使って窪地を出ようとしてみなさい。そうできるなら、私が支えてあげましょう。その後、私があなたを運んで行きます。洞窟に戻らなければなりません。それから先のことは、洞窟で考えましょう」と私は言った。

私は、気力をふりしぼり、力を出し尽くしたが、長い距離は行けなかった。雪で覆われた地面には小さな窪みや石が隠れていて、一歩毎につまずき、これほど重いものを背負って歩き進む体力はなかった。ヨンデンは、私に背負われているよう厳しく命じられたので、不承不承に従っていただけだった。そこで、彼は片方を私に、もう片方を杖にすがりながら懸命に歩こうとした。すぐに立ち止まりつつ、無惨な姿で足を引きずって歩いた。額を覆っているラマ僧の被りものから汗が流れ落ちた。数時間かかって洞窟に戻った。

洞窟に着くや、私は、哀れな怪我人の腫れ上がった踝にマッサージを施して、彼の帯でそこを固定した。このような手当しかできなかった。

前夜と同様に、まったく火の気はなく、深く凍てついている地面に横たわり、寒さに震えた。渇きをいやすために道中で雪を食べ、食事の時に氷水を飲んだので、体の内側からも一層冷えて、私たちは苦しんだ。だが、ヨンデンの容体で不安になることがなかったならば、私はむしろこの特異な状況を喜んだことだっただろう。人跡未踏の山々の奥深く入り込み、雪に降り込められた一夜は、なんと素晴らしかったことだろう。種々の心配事や体の苦痛は消し飛んでしまった。長い時間がたった。明け方近くまで私は座ったままで、この驚異の雪国の絶対の沈黙、まったくの静寂のなかにただ一人で居る至福を感じていた。心はあらゆるものから解き放たれ、言葉につくせない静穏があった。

少し眠った後に目覚めると、土壁を背にして杖に縋り、片足で立っているヨンデンの姿がすぐに目に入った。その様子は、道教のパゴダの壁に描かれている神々を思い起こさせた。こんな状況でなかったならば、笑いを誘うものだったが、かわいそうに、ヨンデンは意気消沈しているようだった。

「歩けません。何度もやってみましたが、できません」と彼は言った。

踝がかなり腫れ上がって、足は普通の位置より少しずれていた。出発は考えられなかった。

私たちは早朝から数時間話し合った。私は、ヨンデンが荷物と、今残っている一握りのツァンパとともにこの洞窟に残り、私は助けを求めに村まで行くことを提案した。だが、ヨンデンは、村まで行ったとしても、農民たちはわざわざ乞食を助けにここまで来ないだろうと考えた。もし彼らにお金を見せて、働きに対して報酬としてそれを与えると言ったならば、私たちが直面している状況よりも更に悪い結果をもたらす危険な事態になるとも彼は懸念した。

おそらく、ポ人についてヨンデンはあまりに悲観的に考えすぎていたのだろう。だが、反対した理由はこれだけではなかった。彼はこう言った。最も近い村までの距離を私たちは知らず、村に行く道について曖昧な知識しかない。先日エグニ峠を下って来たときに、三本の道を見たが、おそらく今はどの道筋も雪で覆われているだろう。

続けて言った。もし私が道に迷い、数日間も雪の中をさ迷うことになったり、事故に遭遇して身動きできなくなったり、絶食せざるをえない日が続いて村に着く前に体力を消耗し尽くしたら、どうする手だてもない。

ヨンデンの見通しが厳し過ぎたにせよ、そうならないとは断定できなかった。私はむしろ、この洞窟にヨンデンを一人で残して行くとき、身を守るために立つこともできない彼が、夜に狼や熊や豹などの飢えた獣に襲われるかもしれないと考えると、恐ろしさに体が震えた。

次々と案が出されては、変更されている内に時が過ぎた。やっと、私は谷に降りて行くことに決めた。そこでドクパ（羊飼）たちが、冬籠りをしているかどうかを確かめて、彼らがそこにいれば、ラマ僧をそこまで運んでくれるかどうかを彼らに尋ね、その日の夜には帰ってくるということにした。

私は終日歩き、置き捨てられた二つの野営地を見つけたが、人影はまったくなかった。寒さに震えながら私を待っているヨンデンに、こんながっかりする知らせを持って帰らねばならないと考えると、心が痛んだ。

ここの小屋の一軒に居るのであったならば、どんなにか良かっただろう。少なくともドクパ（羊飼）たちの残して行った燃料で身を暖めることができる。ぜひとも、火を勢いよく焚けるだけの燃料を持って帰らなければならない。しかし、どのようにして。私は、乾燥した糞を入れる袋も、小さな布切れさえも持っていなかった。厚い毛の布でなければ、糞は途中で湿って役に立たなくなってしまうだろう。しかたなく私はチベット製の粗いサージでできた下着を脱いで燃料をその中に詰め込み、この荷物を帯で結び背中にしょって出発した。

帰り道は疲れきった。雪は降り止まず、私が唯一着ていた薄い中国服は、すぐに湿り、三〇分も経たないうちに、まるで氷風呂に入ったように感じられた。夜になったが、依然として洞窟は遠かった。道は川に沿っていたので、迷う恐れはなかったが、真っ暗闇で自分が何処にいるのか見当もつかず、川岸からかなり離れていた洞窟が見つけられなかった。とうとう、谷を登り続けるべきか、あるいは反対に洞窟を行き過ぎてしまったのかわからなくなってしまった。方向を定めようとして足を止め、ヨンデンを呼ぼうとしたとき、そこから少し上方に小さな明かりが見えた。彼は、私に居場所を知らせようとして、私たちが袋の中に持っていた一巻の糸蠟燭に火を灯したのだった。

「ひどく心配しました。夜になっても、戻られないので、最悪の事態を想像しました」と彼は私が帰り着くや言った。

急いで火を起こし、沸いた熱いお茶に幾摘みかのツァンパを入れて飲み、私たちは元気を回復したが、置かれている状況は実際のところむしろ悪くなっていた。

食料はいまや、二、三匙のツァンパとごく微量の茶の粉だけになった。依然として、最も近い家までどれほど離れているのか、またどの道がそこに通じているのかはわからず、ヨンデンはまだ歩けなかった。

私が火のそばで黙って服を乾かしていると、彼は私にこう言った。

「俺のことを心配しないでください。ジェツヌマ（尼僧さま）。あなたが死にたじろがない方だとは知っています。俺も恐れていません。一日中ずっと踝をさすっていました。これから温湿布をします。明日には出発できるかもしれませんが、もしできなければ、お一人で出発されて、助かるようになさって下さい。俺に何が起こっても、その責めはあなたにはありません。人に起こることの全ての原因は、自分自身の内にあるのです。この事故は、この世か、あるいは前世で、私が体や言葉や心で犯した行為の結果なのです(7)。神でも人でも悪魔の仕業でもありません。嘆いてくださってもまったく何の役にも立たないのです。まだ、眠るほうがよいでしょう」

私たちは実際、二人ともぐっすり眠り、その間も雪は絶え間なく降った。

翌朝ヨンデンは立ち上がれた。私は、二人の袋を紐でくくって一つにして、背負い、彼が滑り落ちた後に洞窟まで連れて来たようにして、歩行を助けた。言うまでもなく、私たちは蝸のようにのろのろと進んだ。再び森に入ると、私は、できる限り真っすぐな木の枝を一本切って、その片方の端に一片の木を直角に固定し、貯えの食品の空袋でそれをくるんでクッションとした。ヨンデンはこうして素朴な松葉杖を持ち、私の助けがなくても歩けるようになった。

昨夜私がこの辺りを歩いて調べたときに、この谷は段々と狭まっていた様子から、最後には通れなくなっている恐れがあると思えた。エグニ峠を下っているときに見た、森を横切って登っている一本の道の方が、確かであると思った。その道は、私たちが牧場を横切って入った道からは離れているが、川と同じ方向に続いているにちがいなかった。谷の底は通行できなくなっているのだから、その道はきっと川よりずっと高いところを通っているのだろう。

私が先にその道を見た場所からであれば、それほど遠回りをしなくてもそこに入ることもできたのだが、ヨンデンには雑木や岩のある急斜面をよじ登ることなどとても考えられなかった。彼は平坦な道でさえも這うようにしてやっとの思いで歩いて来たのだ。

そこで、私たちはかなり長い距離を引き返して、その道が木々の間にはっきりとした線になって通っている場所を見つけた。

天候がやっと回復してきた。六四時間降り積もった雪の中を進む苦労や、ヨンデンが痛ましい程の努力をして疲れきっているのを見て心を痛めることがなかったならば、この道を行くことは楽しかっただろう。

この時横切った地方は、非常に美しい高山の景色を呈していた。雨期の後の春から夏の終わりにかけて、特に素晴らしい景色にちがいなかった。残念ながら、再び面倒なことが起こって、私は美しい景色に見とれていられなくなった。朝、洞窟を出発しようとしたとき、私は靴の片方の底に穴が開いていることに気付いた。数時間歩いた後、この穴が大きな裂け目になり、一歩歩く度に開閉する口のようになってしまった。私の片足は、まるで道中雪を食べ続ける不思議な動物のようだった。もう一方の長靴もより良い状態では決してなく(8)、私はひどい痛みに苦しみ始めた。皮膚は雪で凍傷にかかり、そこに傷ができた。皮膚が敏感とはとてもいえないチベットの山岳民族でさえ、雪に皮膚を曝すことは絶対にしないように細心の注意を払っている。

　午後も遅くなったが、耕作地も家畜の足跡も見えず、日のあるうちに村に着く望みはまったく捨てた。最後に泊まった家のネポ（主人）の話では、人の住んでいる谷に通じる小道の近くにドクパ（羊飼）の小屋があるということだった。私たちはその小屋をむなしく捜した。夜は泊まるところなしに過ごさねばならないと思えた。小屋は雪に覆われていて、見落としたのだろうか。そこを通り過ぎてしまったのだろうか。あるいは運悪く道を間違えたのだろうか。

　私たちは、たまにこのことを話すだけになった。苦しんでいる疲労や辛さについて、問い合うことはやめてしまっていた。そうしても、なんにもならないのだ！　私たちは、相手を助けたり楽にしたりすることはなにもできないとお互いに解っていたので、そのような会話はむしろ無駄でしかなかった。まもなく、「ドクパ（羊飼）の野営地」と「間違った道をとった可能性」について憶測を述べ合うことも、無意味で疲れるだけなので止めた。

　夜になり、雪は再び降り始めた。

　墨を流したような空の下に、不思議にも明るい夜景があった。純白の地面から青白い微光が四方に発しているようだった。雪の積もっている木々も発光しているようだった。この魔術の幻灯によって姿を変えた森は、冥土のような怪奇な様相を帯びていた。頭から足先まで全身真っ白になって、私たちはこの異常な景色のなかを無言で、足を引きずりながら歩き続けた。まるで、チベットの魔法使いの呼出しに応じている幽霊か、貧窮したサンタクロースの哀れな二人の従者のようだった。

サンタクロース！　もう、一二月だろうか。そうかもしれないが、グレゴリオ暦と長年私が使っていた中国＝チベット暦との日付の照合の仕方を思い出せなかった。中国の郵便局のカレンダーはこの二つの暦の日付を対照して示している。私は自分の袋の中にそれを持っているので、時間ができさえすれば見てみようと思った。

次第にヨンデンは後方に遅れていった。私は考えることもできず、何処に行くという目的もなく、一人でただ歩いた。村、小屋、どんな粗末な泊まるところも、私たちの手の届かない遠くにあるようだ。深く積もった雪の上で眠ることはできない。では一体、どこで。

突然衝撃を受けて、はっと我にかえった。なにか固いものにぶつかったのだ。手でそれに触れてみた。それは木片で、雪の上に出ていた農家の柵の先だった。柵！　羊飼たちの夏の野営地。それでは……聞いていた野営地だ……。道は間違っていなかった。そして今夜泊まるところがある。

このような幸運は信じ難かった。私は、柵や小屋が逃げて消え去ってしまう事を恐れるかのように、いつまでもこのごつごつした板を片方の手で触れながら進んで行った。こうして私は住居の入口の閉まっている門に着いた。そこから、大きな四角形をした低い小屋と、家畜小屋のように思われる幾棟かの屋根がぼんやりと見えた。

私はこの吉報をヨンデンに叫んだ。

「ディル！　ディル！　カンパ・チク・ドゥ（ここに、一軒の家があります）」

私は彼を待たずに、この田舎家に入った。ドクパ（羊飼）の住居となっている建物の近くに馬小屋があった。そこに荷物を降ろして、早速家の扉の前の降り積もった雪を取り除き始めた。ヨンデンは、私が仕事をしている間に着いた。

納屋の中にかなりの量の乾燥した糞と薪があった。明かりをとるために、その場で数本の枝を燃やし、それが燃え上がると家の中に持って入った。家の中には囲炉裏があり、その周囲には板が敷いてあって、家の人々がその上で座ったり寝たりすれば、地面に直にそうするよりも快適であるようにしてあった。しかし、私たちがここで見つけた、よりありがたかったものは、ここにも蓄えてあった燃料だった。

間もなく、囲炉裏には火が赤々と燃え、ヨンデンと私はその両側に座った。狭い家の中の隅々までゆき渡る暖かさは、洞窟で凍てつく夜を過ごした後ではことさら心地よいものに思えた。私は、黙って目を閉じ、火の暖かさに身をまかせた。最も厳格な苦行をしている私の身体の中で、いつもは警戒して小さくなって隠れている快楽が、満足して微かに動いていることを、私は寛大な気持ちで認めて楽しんだ。

眠る前に、一摘みのツァンパを入れた熱い湯を飲み、僅かばかりになったお茶は翌朝の食事のために残した。ヨンデンは足に温湿布を巻いた。カレンダーを見ると、一二月二二日だった。

翌朝ヨンデンの足の腫れはかなりひいたが、やはり松葉杖に縋らなければならなかった。痛みは和らいで、彼は出発できると言った。今度は折悪く私が怪我人になった。前夜、雪で凍傷にかかり、半ば凍ってしまった私の足の指は、水ぶくれと、血の止まらない傷でおおわれていた。こんな状態で、履いても裸足に近い靴で、雪の中を再び長時間にわたって歩けば、危険な結果が生じることになるだろう。どうしても長靴の皮底をつけ直さねばならなかった。

この靴職人の仕事は、僧であるヨンデンが寺で学んだことの中には含まれていなかったので、彼は毎回大変苦心をしてこの仕事をした。私の方は面目なくも全然できなくて、靴底を取り替えるために、古い靴底の皮の縫い目をほどくだけだった。

長靴の修理が終わったとき、時計を見ると午後一時だった。このように遅い時刻の出発はためらわれた。ここは夏の野営地なので、人が住んでいる地域はまだ遠く、私たちの遅々とした歩みでは、日暮れまでに村に着けないだろう。きっと夜に長時間歩くことになるにちがいない。それは絶食を続けている者を疲弊させる。一方、明日に出発を延期すると、さらに長く絶食をしなければならない。どちらも同じほど不都合な二者択一を決めることは難しく思えた。結局、私たちは赤々と燃える火に誘われて、この暖かい宿でもう一夜を過ごして、明日の早朝に出発しようと決めた。

雪はその日も一日中降り続いた。日没少し前に、ヨンデンは踝の回復の状態を試してみようとして、そこからほど遠くない、別のドクパ（羊飼）の野営地まで出かけた。彼は、帰ってきて、私たちが取らなければならない道筋が、その場所から見えたと話した。

夜明けにはまだ遠いころ、私たちは火の勢いを強めて、湯の煮えている鍋の上にお茶の葉の袋をひっくり返してあけた。それほど期待していなかったが、貴重なお茶の粉が、僅かながら中に落ちた。お茶だけの朝食を終えると、ヨンデンが昨日道を見た場所に向かってまっすぐに進んだ。闇の中、雪はしげく降った。私は、辿っている道が、一昨夜私たちが下ってきた道よりも狭いと思った。だが、チベットの道は森の様子にしたがって、見た感じも広さも様々に変わる。森は気まぐれだ。

正午ころまで、かろうじて歩き続けたが、通れない茂みと、道を遮っている急な斜面に行き当たった。道筋はそこで跡形もなく消えていた。方向が間違っていたのだ。

そもそも最初は正しい道を出発し、その後道を逸れてしまったのだろうか。そうではなさそうだった。羊飼の夏の野営地の周囲には、森を歩き回る家畜の群れがつけた道が幾本か常にあるのだが、多分、小屋を出るとすぐに、その道の一本に入ってしまったのだろう。いずれにせよ、出発点に戻ることしかなかった。私たちが居るところから直接に正しい道に入ろうとする事は、どの方向にそれがあるのかさえまったくわからない今は、無理だと思えた。こう考えて取った行動が、この広大な森の中で、今度は完全に迷ってしまう結果のみをもたらした。

私たちはそれほど長い距離を進んで来たのではなかった。ヨンデンはやはり松葉杖の助けで歩き、私は足に傷を負っていて、速くは歩けなかったからだ。だが、このような時には、行く距離よりも実際にそれに要する時間が重要だった。数日来絶食の状態にあった私たちにとって、この間違いは、深刻な事態を引き起こした。

容易にはもと来た道を捜し出せなかった。朝から数時間降り続いている雪は、私たちが最初に歩きだした時の足跡を消し去っていて、そのうえヨンデンが頻繁に休憩を取らなくてはならず、一層時間がかかった。

ドクパ（羊飼）の小屋に戻ったが、元気をつけるものは、またしてもただ一杯の熱い湯だけだった。私は、それを飲みほすや、明日方向を間違うことがおこらないように、道を調べに出かけたいと思った。私たちは、それほど飢餓には苦しんでいなかったが、二人ともめまいを感じ、奇妙な鈴の音を耳にし始めていた。もし何も食べないことがこれ以上続くならば、村にたどり着く力がなくなってしまうことはあきらかだった。

ヨンデンは私を火の側に残して、自分が道を見つけに行くと主張した。私は、彼の思いやりのある懇願に譲歩した。哀れにも彼は松葉杖と杖に縋って、再び雪の降る中を出かけて行った。

貯えの食料が底をついていたので、炊事をする面倒が省けた。雪を溶かし、それを沸かせばよいだけだった。それから横たわり、心ゆくまで考えることができた。

私は、数人の知人が私の立場だったらどうしただろうかと想像した。ある人たちは、心を動揺させ、神や悪魔や同行者や自分自身に悪態をついたり、呪ったりするかもしれない。涙を流し、ひざまずいて祈る人もいるだろう。だが、いずれの人々も、私が動じることなく、心を全く平静に保って、この旅行を好奇心を楽しませながら続けることを、非難するだろうと思った。

パーリ聖典のある詩節が美しく歌っていることを思いだした。

「まことに、苦しみに苛まれている者の中にあって、憂うことなく生きる者は幸せである」

ヨンデンは夜近くになって戻ってきた。彼は、今度こそけっして間違いないと言った。彼は、道を遠くまで行って、道の状態や向かって行く方角を確かめたのだった。正しい道筋が見つかったので、私たちは本当に安心した。

この吉報を聞いて、私は生き返った心地がしたが、彼の顔色が気にかかった。蒼白で、両眼が熱病にかかったときのように光っていた。彼は二杯の白湯を息もつかず飲み干し、すぐに眠り込んだ。

私はしばらく、彼のようすを見ていた。身動きをして、夢でうなされていたが、徐々に静かになったので、今度は私が眠り込んだ。

板の上を歩く音と、訳のわからない呟き声が聞こえて、私は目を覚ました。ヨンデンが立ち上がり、手に杖を持って、よろめきながら戸の方に歩いて行く姿が、残り火の仄かな光でかろうじて見えた。どこに行くのだろうか。私は彼の所に跳んで行った。

「どうしたのです。病気ですか」と彼に尋ねた。

「雪が高く積もる。高く、高くに。私たちは眠り、雪は降る……。出発しよう。すぐに、取り返しがつかなくなる」と彼は、まるで夢を見ながら話すように、奇妙な声で答えた。

彼は半ば意識を失っていると私は思った。多分、恐ろしい夢を見たからだろう。もう一度眠るように説得しようとしたが、彼は私の言うことを聞こうとはせず、自分の唯一の考えに固執した。彼は出発を、それも即刻の出発を望んだ。両手と顔が火のように熱く、急な発熱によって精神が錯乱していた。彼は、不意に荒々しく戸口まで行き、扉を開け、こう言った。

「見て下さい。雪が降っている」

雪はほんとうに激しく降っていた。凍て付いた一陣の風が、家の中に吹き込んできた。

「そこに居てはいけません。病気が、寒さで重くなります」と私は彼に命じた。

「出発しなければならない、すぐに出発しなければならない。ジェツヌマ（尼僧さま）、あなたは死んでしまう。来て下さい、来て下さい、急いで」と彼は執拗に繰り返した。

彼は、涙を流し、「雪」と言う言葉を何度も繰り返しつつ、口の中で意味不明の言葉を呟いて、懸命に私を連れて行こうとした。

私は彼をどんと押して部屋に入れた。戸を足で一蹴りして閉め、前のように彼を火のそばに寝かせようと努めた。ヨンデンは抵抗し、じたばたした。高熱にうかされ、私の命を助けなければならないという考えにとらわれて、この頑健な青年は、馬鹿力を出した。片方の足を怪我しているのでよろめいていたが、そうやって無理をしていることから生じる痛みを感じていないようだった。

もし彼が私を振り切って外に出ていたら、どうなったことだろう。野営地のあるこの開墾された台地は、この小屋から数メートルの所で断崖となって終わっていたことを思い出して、私は恐ろしくて身震いした。

ようやく火に細い小枝を燃《く》べた。囲炉裏から炎が上がり、突然に明るくなると、ヨンデンのこれまでの高熱のための奇行がすぐに止んだ。

「どうしたのです?　何が起こったのですか?」と彼はあたりを見まわして言った。そして自分が先に寝ていた板の上に、おとなしく連れて行かれた。彼はそれとほとんど同時に勢いよく火を燃やし、ヨンデンの額に雪を少し載せた。彼はそれとほとんど同時に眠り込眠り込んでしまった。だが今度は彼から一時も目を離そうとはせず、明け方まで彼を見守って座っていた。

私は、心ならずも、数分間睡魔に打ち勝てず、夢をみたのだろうか。ここよりも下の場所から山を登ってくるような鈴の音が遠くに聞こえた。降りしきる雪の中、夜中にいったい誰が馬で旅行できたのだろう。私は誰かが入って来るかもしれないと恐れて、じっと耳を傾けていたが、暫くすると音はいっそう遠くになり、ついには消えてしまった。

これが、ポ地方で過ごしたクリスマス・イブだった。

陽が昇っても、私はヨンデンを起こそうとはしなかった。多くの場合、睡眠が最高の薬となり、ヨンデンの病気には、私が持っていた数種類の薬よりも眠りのほうが回復に役立つと思ったからだ。

ヨンデンが目醒めたとき、時刻はかなり遅かった。容体が良くなっていることはすぐにわかった。彼は昨夜の行動を漠然としか憶えていず、自分に起こったことは夢に見たことだと信じているようだった。

私は雪を溶かし、それを沸かした。今回もそれを昼食の代わりとしなければならなかった。もし少量のバターや二、三つまみのツァンパがあって、湯の中に加えることができれば、少しは元気になる飲物のようになったのだが、風味がなく、熱すぎるこの白湯は、胃をむかつかせただけだった。

私は思ったことを大声で言い、山の神々が私たちに慈悲を示すために、胡桃《くるみ》ほどもある大きなバターやベーコンをお与えくださるようにと冗談で願った。ヨンデンは独特の眼をして、じっと私を見つめた。

「どうしたのですか」と私は彼に尋ねた。

「そうですね、それほどベーコンを欲しいと言われるのならば、俺が「山の神」になることもできますが……」とヨンデンはためらいながら言った。

「どういうことです」

彼は笑い出した。

「ジェツヌマ（尼僧さま）、あなたはどこから見てもチベットの女性になられたといってもよいほどですが、このようなときに本当のチベット女がすることは、ご存じないようです」

と彼は言った。

「話しなさい。あなたの荷物の中に食べ物がなにか残っているのですか」

「長靴の底に防水を施すために塗り付けた小さなベーコン一片と、一昨日縫った靴底の新しい皮の切れ端です」と彼はいたずらっぽく答えた。

「それを全部鍋の中に入れて、もしあれば塩も少し加えて下さい」と私は陽気に叫んだ。私の心に真のチベット人魂が生じた。

半時間程して、味については議論の余地があるが、少なくとも空っぽの胃の要求をなんとか満足させる濁ったスープを私たちは味わっていた。

クリスマスのお祝いは続いた。

出発してまもなく、天気は良くなり、やはり淡い色の空に陽が一時射した。下るにつれて、雪は浅くなり、足を速めたが、この広大な森の果てに暫くすれば行き着くと予測できるものは何もなかった。それどころか、別の夏の野営地に着いた。それは、まだどの村からも遠くにいると確信しなければならないことだった。この野営地の少し下方で、ポ・ゴッァ峠の麓から流れ出ている川を発見した。それは急斜面をほとばしる小さな急流にすぎなかったが、先の数日間に私が探検した二つの谷に源泉を持つ川の中に流れ込んでいた。

この短期間の探検は、あきらかに劣悪な状況で行われたにもかかわらず、ポ地方を横切っている大河、ポルン・ツァンポ川は、ナゴン川とは別の源流を持っているとの確信が得られ、またこの未探検の地に関して、幾つかの特徴を書きとどめることができた。私は、こうして時間も労力も無益に費やしたことにはならなかった。

陽が傾いた。夕暮れまでに、とうてい村に着けないことはあきらかだった。

何時まで私たちの断食は延長されるのだろう。

私は、突然、小道の下方にある一部分が開墾された土地に一軒の山小屋を見つけた。そこで休憩し、宿泊所とすることがおそらく賢明だろう。夜中火を燃やすに足りる薪を拾い集めなくてはならず、大木の林が闇に覆われるまでにそれを終えるにはぎりぎりの時間しか残っていなかった。

夕食については、考えても無駄だった。このことは、香りと清浄な空気を食べている虚空界の神々に私たちがなったかのように、私たちにとって全く無縁のことになっていた。神々と等しいとは痛み入ることだった。

小屋に近づいて行くと、戸口のそばに立っている男の姿が見えたので非常に驚いた。彼は、私たちがポ地方で初めて出会ったポ人だった。ポ人の気性について以前に多くの人から聞いていた、強盗であるとか食肉人種であるとかの噂を、即座に思い出した。

私は、勿論、危惧しているという印象を全く与えることなく、ただ礼儀正しくこのように尋ねた。

「クショ（ご主人）、火をお借りするために家に入れてもらえますか」

「入りなさい」とポ人は短く言った。

このように許可されたので、私たちは小道を離れて、山小屋に向かって下って行った。なかには十人余の男たちが囲炉裏を囲んで座っていたので、私たちはいっそう驚いた。

この男たちは、こんな森の奥深くで一体何をしているのだろう。

私たちは丁重に迎えられた。私たちがエグニ峠を通ってきたと知ると、ポ人たちは深く驚いて、意味ありげな視線を交わした。ヨンデンは、私たちが別の谷々をも歩き回ったことや、エグニ峠を越えた以外にも道筋でしたいくつかの冒険について、話すことは必要ないと考えた。その結果、この男たちは、私たちが谷をまっすぐに下って来たのだと信じることになった。

「あなたがたを守っているポ・ラとモ・ラ(9)は、確かに神力があるに違いない。峠は今は全く通れなくなっているのだから、その助けなくしては、雪の中で凍死してしまったにちがいないよ」と彼らは私たちに言った。

彼らは、私たちには天上からの特別な守護があったかのように考えて、私たちに好意をもった。ラマ僧のヨンデンの席が、部屋の最も上座に用意された。私たちは、アンバグ（懐《ふところ》）から鉢をお出しくださいと言われ、お茶が勧められた。

彼らは、食事を済ませたので、ご馳走するツァンパがなくて申し訳ないと謝りさえした。私たちは、そこまで望んでいなかった。小麦粉を加えなくても、たっぷりとバターの入ったお茶は私たちには美味しい気付薬だった。

私たちの出身地や巡礼旅について様々な質問がなされた後に、地位が上らしいと思われる一人が、ヨンデンに占いの術が得意かどうかを尋ねた。ヨンデンが「モ」[10]術ができるとはっきりと答えると、そこにいる者たちは皆満足げに顔を輝かした。

チベットの内政について、いくつかの独特な点を明らかにする興味ある話を、この時私は聞いた。

この話を始める前に、チベットの政治の本当の姿が、ヨーロッパでは全くといってよい程知られていないので、少し説明が必要だろう。

チベットが、唯一の政府に統一された国家であると考えることは控えるべきだろう。ウやツァンの地方以外では、それぞれに仰々しく王を自称する首長を戴いている多くの部族が、常に独立した国家を形成していて、それらがチベット領土の大部分を占めている。

中国に主権があった間には、中国皇帝の高官たちは、この伝統的な秩序をあたりさわりなく受け入れていた。そして多くの場合、このチベットの首長たちをただ名目的に隷属させることに止めていた。だが、それとは反対に、ルイ一一世の遥かなライバルであるラサのラマ僧の王は、自国の軍隊が勝利をおさめて以後、中国の支配下から奪回したチベット全領土を、彼の直接の権力下におこうと企てた。

　中国人を追い払って喜びにわいている部族たちは、それ以後完全な自治を享受でき、また税金を全く払わないですむと思っていた。彼らは、ラサから派遣されてきた高官が自分たちの国の長となって、法律を定めたり、特に首都ラサに向かう産物の税を徴収することを受け入れる気は全くなかった。

　勿論、チベット人は、よほどの例外的な変人を除いて、ダライラマを神以上の非常に偉い人だと崇めていた。数百キロメートルも離れた所から、彼の玉座に向かって平伏するほど彼への信心を持つ者もいたが、これらの敬虔な信者たちも、自分たちの実際の仕事に彼が干渉することは全く好まなかった。

　私たちが会ったポの人々に話を戻す。彼らは、チュ・ゾンの村人たちが、できたばかりの中央政府から派遣された偉い役人を、無邪気にも、石を投げて追い払ったと私たちに話した。この不運な高官は首尾良く自分の館に逃げ込んだが、村人たちは追って行ってその館を取り囲んだ。

　このように屈辱的な仕打ちを受けて、憤慨し、怒りを爆発させたこのラサの高官は、カロンラマのもとに、この出来事を伝える密使を急遽送った。

カロンラマは副王といえる地位にあり、東チベットを支配していて、チャムド（カン）に本拠を定め、指揮下に正規の軍隊を持っていた。チュ・ゾンの村人たちはこの権力者に手紙を運ぶ密使が出発したことを知って、報復を恐れ、彼らもまた、ポ地方の境界の峠に向かう幾本かの道に仲間を差し向けた。この純心な愛国者たちの使命は、カロンラマへの手紙を横取りすることにあった。また婉曲的に言われたのだが、彼らが密使を殺す役目を負っていたことも、私には難なく理解できた。

奇縁によって、私たちが遭遇した人々は、外国人の総督を石で追い払った誇り高い村の名士たちだったのだ。決して、人喰い人や強盗ではなかった。ヨンデンは、密使を捕まえることができるかどうかを占ってもらいたいと頼まれただけだった。

今回は、占いは戯れではすまない深刻な面を持っていた。もし予言が当たらないときには、ヨンデンは危険なことになるだろう。囲炉裏を取り囲んでいる大男たちは、怒らせると扱い難い人のように見えた。ヨンデンも私も二人とも、小柄だったので、彼らの中にいると、まるで人食い鬼の巣窟にいる親指小僧のようだった。しかしここでは、私の数えたところ、人食い鬼は一六人いて、確かなことは、彼らは道に迷った旅人をむさぼり喰うような人々ではないが、同時に人から嘲られることは決して許さない人々だと思えたことだった。

ヨンデンは、密使がこの国を出るために辿る可能性のある幾本かの道について、彼らに多くの質問をした。彼らの答えから、私は地理的な情報を豊富に得た。

私は、馬に乗ってエグニ峠に向かって登って行った男がいたことも聞いた。夜の間に私が耳にした遠い鈴の音がこのことで説明がついた。その男は自分が登った高さで既に積もっている雪の深さから、峠付近は通行できないと判断して、来た道を引き返したのだった。

こういう理由があったので、私たちが山を越えて真っすぐにやって来たと信じたポ人たちは、私たちがここに着いたことにことのほか驚いたのだった。彼らは私たちがそこで足跡を見ることはなかったかと、再び、執拗に尋ねた。私たちは誰にも会わなかったし、また政府の密使がこの道を通らなかったことは確かだった。

ヨンデンは相当長い間ぶつぶつと呟いて、種々の神霊術の所作をした。彼らはその結果に利害が絡んでくるので、一挙一動を最大の注意を傾けて見守っていた。ヨンデンは大体このような意味のことを宣言したのだった。

「もしあなたがたが送った者たちが、ポンポ(11)（高官）の密使よりも速く走るならば、彼らは彼を捕まえるだろう」。しかし勿論、この単純な真実は、神託の形で、多くのもったいぶった言葉と、雄弁な謎めいた句を使って述べられた。

チュ・ゾンの勇者たちは、丁寧に私たちに暇乞いをして、誰かがここにやって来たときには、「彼らは全員家に帰っていきました」と伝えてほしいとヨンデンに頼んだ。

私たちは再び二人だけになった。どうすべきだろう。ここからはチョロクと呼ばれる村は、遠くはないとポ人たちは言っていたが、壮健で巨漢の山岳民族にとって短い道のりも、疲れきって半ば廃人のようになっている私たちには長いと思えるかも知れなかった。私たちは二人とも、バター茶を何杯もおかわりをして飲み、一塊のバターと一握りのお茶の葉も貰い、翌朝の流動食の食事を確保してあった。ここで夜を過ごすことが望ましかった。

先ほどのポ人たちの誰かが戻ってきて、私たちのような無一物の者から何かを盗もうとする心配は絶対にないと、私はヨンデンに言った。彼は私の意見に同意はしたが、この山小屋が安全だとは考えていなかった。彼はこう言った。総督の部下たちは、彼らの敵がこの場所で集会を開いたことを知るかもしれず、まだ彼らがいると思って、夜の間に突然、殺しにやって来ることも考えられる。私たちはこの小屋の外から飛んでくる銃弾に撃たれるとか、ポンポ（高官）の前に連れて行かれて、多くの面倒な質問に答えなくてはならないようなことになる危険もあると。

彼の危惧には根拠が無いわけではなかったが、夜闇は大木の下では真っ暗闇になってしまっていて、私たちは道を見分けることはできず、ヨンデンが怪我をしたような事故にあう危険も考えられた。銃弾に撃たれるとか、逮捕されるとかは、総督の部下たちが叛徒を捜しに森を歩き回れば、森の中どこにいても私たちに降りかかって来ることに違いなかった。

更に一方では、この人里離れた森の奥にある極く小さな小屋や、軽喜劇の強盗のような格好をした大男の叛徒たち、そしてまた通俗劇まがいの事件を心を躍らせて待つことは、かなり魅力的だった。結局の所、もしなにか事件が起こるとしても、ここに残って、その成りゆきを見てみようということになった。

山小屋に残ることに決めたので、ヨンデンは空き地の境まで木を切りに行き、私は山小屋の周囲の地面に落ちている枯木の枝を拾った。私は仕事を終えて、火の側に座っていると、その時、なんの前触れの足音もなく、この山小屋の戸口の四分の三ほどの高さしかない低い扉の上に突然に顔が現れた。

その者は、室内に速い一瞥を投げかけて、理解できないことを早口でもがもがと言って、私が、もう一度言って下さいと頼む暇も与えぬ間に姿を消した。私は、念のためにポ人たちに頼まれていたように、「あの人たちは皆行ってしまいましたよ！」と言ったが、答えは返ってこなかった。

その夜、私たちは平穏に過ごすことはまずできないだろうと思われた。ヨンデンは一荷物になるほどの薪を持って戻ってきて、私たちは寝ようとしていた。その時、木の下を歩いている足音が聞こえた。何ものかがうろついて、乾燥した葉が乾いた音を立て、細かい小枝がぽきぽきと砕ける音がした。その音から判断すると、それは大型のものに違いなかった。

ヨンデンは、小屋の戸の敷居に立って、アムドの地方の言い方で呼んだ。

「アロ、アロ（兄弟、兄弟）、こちらに、来て下さい」

誰も姿を現さなかった。私は動物が森をさまよっているのではないかとも思ったので、ヨンデンと共に空き地を見回って、それが遠くに逃げて行ってしまうように物音の聞こえてきた方向に石を投げた。だが、この姿の見えない夜の散策者は、私たちの脅かしにも去る気配はなく、行ったり来たりし続けていた。このことから、ヨンデンはそれは人間にちがいないと言った。

何ものであろうとも、彼らが私たちを襲ってこないので、勝手にするがままにさせておいた。小屋の戸をできるかぎり固く閉めて、火を消した後に、戸の上部の開いている部分から狙われたとしても、容易には見られたり、襲われたりすることのない隅にそれぞれが眠った。これ以上の用心はできなかった、またどんな状況に置かれても、万全を尽くしたのちは、心配することは無駄だ。二人とも同じようにこう考えてぐっすりと眠ったので、目が醒めた時には、太陽が空高くに輝いていた。

私たちは二人とも、なみなみ一杯のバター茶を飲んで満足したが、胃のほうは否応なしに固形物を要求していた。断食を始めて六日目だった。大変空腹であったと正直に言っても、私たちが大食らいだと思われることはないだろう。

チョロクは、私たちが最初に行き着くはずの村であったが、チュ・ゾンの勇者たちが昨夜私たちに言ったほどには、この小屋から近くはなかった。正午ごろにその村に着いた。とうとう、私たちは、ずっと以前から二人で話題にしていた神秘的なポ人たちの所に来たのだ。ここまでは、私たちにとって全てがうまく行っていた。先についても、そうなるだろうと信じ込んでいた。

狭い谷底に位置し、美しい高山の景色に取り囲まれたその村は、人里からまったく隔絶された場所という印象を与えた。経済活動の中心地からあたかも数百万キロメートルも離れた、けた外れの奥地にいるかのように感じられた。粗末な小屋が集まっている小さな集落の中に、住民たちの姿も稀にしか見えず、恐怖心を起こさせるものは何もなかった。

私が外国人であると疑われる心配は、今後はかなり減ると思えた。かつて外国人が来たことのないこの村では、寂寥とした山を越えて外国人が入り込むとは誰一人想像することはないだろう。こう考えて安心すると、旅は本当に快適になった。私は、まったく落ち着いた心で、この冒険旅行の楽しさ、巡礼旅の甘美な自由を味わった。

ポ人たちの所に初めて行くには、托鉢してまわることが最良の方法だった。そうすることは、私たちの扮装にかなっていたし、必要にも迫られていた。そこで、私たちは道筋の一番目の家の戸の前でいつもの祈りを小声で唱えながら止まった。

「何処から来たのですか」

人が私たちに真っ先にするお決まりの問いが、ここでもされた。私たちはエグニ峠から降りて来たと答えると、質問した女性は驚いて、思わず近所の人々にも聞こえるくらいの大声を上げた。

私たちは、どのようにして雪の中を来ることができたのだろう。正真正銘の奇跡が起こったに違いない！　神力のあるポ・ラとモ・ラが私たちを守護していることが、ここでも認められた。

私たちはこの家のネモ（主婦）に座をすすめられ、鉢を出すように言われて、そこにスープをたっぷりと入れてもらった。

スープはどんな味がしたのだろうか。私には少しもわからなかった。私は、ある奇妙な感覚に襲われた。体の奥底から何ものかが起きあがって、私がむさぼるように飲み込んだ濃いスープに食らいつこうと、私の口に向かって飛びかかって来るように感じた。

別の親切な村人たちも少量のツァンパやバターをくれた。私たちは袋を手にして、そのあとも村を巡った。これらの施し物はすぐに二日分の食糧となった。私たちは今や人の住む地方に来て、食料を調達することが比較的容易となったので、多くの食料の重荷に耐える必要はなくなった。この村にこれ以上長居することなく、親切なこの村を去り、谷を下って旅を続けた。

一〇分ほどして、私は奇妙なことをふと考えた。私たちが飲んだあのスープは、ネモ（主婦）が火の上に置いて温める前には、台所の隅の、開いた扉の後ろにある板の上に置いてあった。なぜスープの入った壺があんな場所に置かれていたのだろうか。あるいは……。いやそうではないだろう。私は、こう考えたことを全力で打ち消そうとした。しかしながら、板の上、それも隅に。

私はヨンデンのほうを振りかえった。

「ゲロン・ラク（和尚さま）、私たちが食べたスープは犬の餌だったと思いますが」と私はとても丁寧に言った。

ヨンデンはまさに食べ物が消化される、心地よい満足感を味わっていたところだったが、こう言われて驚いた。

「なんですか。犬の餌がどうしたのです」と彼は問うた。

そこで私は最大限心を落ち着けて、私の疑いの証拠を説明した。忽ち、彼は顔を蒼白にした。まるで、荒海を航海する船の甲板にいる人の顔だった。

私は、先ほどの食事についての詳細を次々と思いだしていたが、突然あることに気付いた。それは、ネモ（主婦）が、竈の近くにかかっていた台所道具の中から杓子を取って、それでスープをすくって私たちの鉢によそってくれたということだった。だとすれば、チベット人は動物の餌の入っている壺に、台所で使う杓子を入れたりはしないので、あのスープは人間用の食べ物だったということになる。私は、取り乱しきっているヨンデンを急いで安心させた。

「なんと恐い目にあわされたことだろう！」とヨンデンは笑いながら言った。

「あなたは、なんと思慮がないのでしょう！ 人間用だろうと、動物の餌だろうと、あなたはあのスープで満腹したのではありませんか。考えただけで、何故気分が悪くなったりするのですか」と私は言い返した。

「ジェッヌマ（尼僧さま）、あなたはナルジョルパやそのほか数々の隠者の弟子となってトゥル・シュク（万物に対する完全な無関心を教える哲学）を極め過ぎたのではないかと案じます。今度あなたが食事を作られるときには、鍋の中身を注意して調べることにします」と彼は反駁した。

「あなたがこの前こしらえたような、長靴の底の皮でスープを作ったりしなくてはならないようなことには、なりたくはありませんね」と私は答えた。

私が早とちりをした先ほどの美味しいスープのことを話しながら、私たちは陽気になった。

少し遠くから、同じ美しい装いの三人の男達がやって来るのが見えた。三人のポ人は、毛皮の服にガーネット色やエメラルドグリーン色の羅紗のチョッキを着て、髪は肩の辺りで揺れており、鞘が銀と宝石で飾られた刀を帯に差していて、昔のフランドルの画家達によって描かれた前世紀の騎士達に少し似ていた。

この男たちは礼儀正しくヨンデンに近寄ってきて、彼に占いを頼んだ。それは、すでに森の中で相談を受けていた事件についての占いだった。

ヨンデンは答えた。そのことについては、神々にはすでに尋ねた。これ以上しつこく尋ねないほうが、神々への尊敬からしても、賢明なことである。ただし、先におこなったモ（占い）によると、万事は好ましい方向に向かうだろうと。三人の騎士はこの返事に喜び、ヨンデンに頭を下げて、自分達の住まいの方に威厳に満ちた様子で帰って行った。

数歩も行かないところで、村人とすれ違った。ヨンデンは再び引き留められ、彼の私的なことについてモを頼まれた。そこで、彼は望みをかなえてやって、神託をくだした。今度は、馬で旅をしている一人のラマ僧が、馬から下りて、自分の同僚ではあるが、みすぼらしいなりの貧しい巡礼僧のヨンデンに、一回の占いを執り行うよう特別のはからいを頼めないかと言った。

相当量のツァンパとバターがニュヌシェの謝礼として私たちの袋に入った。恐ろしいポ人たちの地方での私たちのスタートは、確かに幸先の良いものだった。

その後まもなく、谷に入り、持っている食料に心引かれて、軽い食事をしようとして倒れた木に腰を掛けたところへ、男が通りかかった。彼は、遅くならないようにと私たちに注意した。彼はこう言った。次の村は遠く、道は安全ではない。この地方には真昼間でも強盗団が横行していて、日没の後ではより一層恐ろしいと。

この情報は、ポ地方の治安について前もって集めた情報と全く一致していた。そこで、私たちは食事を諦めて、服の中の手の届くところに拳銃を忍ばせ、即刻出発した。

谷の端にたどり着いた時、陽が沈んだ。そこは三個の谷の合流点で、広大な土地が開けていた。土地の大部分は畑になっていて、川の対岸には、小集落や農場が見渡す限り遠くまで散在していた。その夜の宿を見つけるためには、大きな橋を渡らねばならなかった。橋はポ地方に向かう街道に連絡していて、街道はラマ教の大寺院があるチュ・ゾン村へも通じていて、まさにその村で、ラサ政庁の高官が村人たちに石を投げられて追い返されたのだった。

私たちは農家で石臼の置いてある室に泊めてもらった。小麦粉が大量に生産されて売られている大きな町を除いては、チベットの田舎の家では、粉を必要のある毎に手碾の小さな臼を使って自分の家で碾いていた。この仕事は通常、塵一つないほど清潔に保たれた特別の部屋で行われる。その部屋に入れるのは本来は家族とその使用人だけである。そこがよそ者の侵入によって汚されないためである(12)。

その家のネポ（主人）は、私たちに火だねとして少しの乾燥糞を持ってきてくれた。だが、食事を作るに充分なだけの糞は、ただで貰うことも、買うこともできなかった。私は川岸へ引き返して行き、水かさを増した川が運んで来た少しばかりの木切れを薄暗がりの中で捜さねばならなかった。夜の帳が降りようとしていた。

農家に戻ると、ヨンデンを囲んで、数人の訪問者がいた。彼らの話題は、ここでも、政府の高官、密使、密使の追跡に送られた者たちに関してだった。

続いて、別の村人たちがやってきた。どこかに集合しているポ人の軍隊の食料のために穀物を徴発しに来たのだった。彼らは、私たちには、その場所、そこに集まっている愛国者たちの目的地や計画を教えてはくれなかった。この地方は反乱を起こしたようだった。翌朝には武装した一団の男たちが、ヨンデンを捜しに来て、新たにモ（占い）を頼んだ。状況は変わっていた。政府の高官は、チュ・ゾン村からうまく逃れてしまい、スン・ゾン村の別のラマ教寺院に避難していた。

戦士たちが出発した後で、私たちは話し合った。ヨンデンは、私たちの道筋から外れたところにあるチュ・ゾン村に足を伸ばして行く計画は諦めたほうが安全だと考えた。

敵対している二国のスパイたちは、チベットの習慣によって、国中を歩き回っているに違いなかった。村人たちや指揮者の部下の者たちは警戒していて、私たち自身もスパイと間違えられたり、別のことで嫌疑を持たれたりすることもあり、また最悪ではないにしても窮地に陥る危険があった。そこで私たちはこの先の旅を危うくするよりは、チュ・ゾン村に行くことを止めることにして、再び川を渡った。そして、スン・ゾンと、反乱の起こる恐れのあるこの地域を、急いで通り越してしまおうと足を早めた。

私たちは、ポ人と初めて出会った後に、彼らについて優れた人々だと思ったが、それは一日も続かなかった。

この日の夜になって、長い狭い道を出ると、再び大きく開けた地帯に至った。山々は突然に川から遠く離れていて、ポ人の耕作地となっている広大な土地が遠くまでひろがっていた。田園のあちこちに農家が建っていた。二、三軒の廃屋となった農家がほとんど道路沿いに見えたので、私はそこで夜を過ごそうと一瞬思った。だが、ヨンデンは、私たちが起こした火で農民達の注意を引いたり、夜になってから招かれざる客がやって来たりはしないだろうかと言った。

ヨンデンの考えに従うことにした。私たちは廃屋の近くで野営しないことにしたので、どこかの家に宿を頼まねばならなくなり、その結果ポ人たちの客の歓迎の仕方を、よりよく知ることになった。

近づいて行った最初の農家では、馬に乗った青年が私たちの姿を見つけるや、家畜を放っておいて、家のネポ（主人）に知らせるために慌てて走っていった。戸や窓が魔法がかけられたように瞬く間に閉じられ、私たちが外から呼びかけて懇願しても、誰も応じなかった。これらすべてが、余りにもとっさに、無邪気に行われたので、私は笑い出しそうになった。だが、私が扮していた人物は、こんな場合に、哄笑したりはしなかった。そこで、私はがっかりしたふりをして別の農家へと向かった。

少し遠くまで行ったところで、ヨンデンは私に言った。

「見るからに貧しい家に行ったことが間違っていました。おそらく、あの家では自分たちの飢えをしのぐ食べ物さえこと欠いていて、布施する物がないので巡礼者を恐れているのです。巡礼のラマ僧に対して施しを拒むことは、ことに悪行とされているので、彼らは施しを願う者を何とか見ないようにするのです。外をちらりとも見ないで、戸や鎧戸を器用に閉めたことに気付かれましたか。多分、彼らは、俺が外から呼んだときにも、聞こえないふりをしていたか、あるいは、彼らの一人がこんなことまで皆に言っていたかも知れません。『ほら、あそこにお人好しの家の者たちを騙そうと呪術師のラマ僧に化けている悪い奴がまた一人来たよ。』と」

小賢しい欲張りたちはかくして罪を逃れたと信じている。彼らは本物のラマ僧が自分達の家の門口にいると知らなかったわけではない。なんと見事な策略だろう。

大農家で運を試してみよう。そのツグポ（金持ち）の家では、誰も戸も錯戸も閉めなかったが、五匹の猛犬が私たちを取り囲んで、牙を剝いて激しく吠えたてた。私が鉄の杖で犬を脅している間に、ヨンデンは、宿を乞うために叫び、犬を静まらせようと躍起になっていた。最初には、まったく返事がなかった。若い女性が家畜小屋の平屋根の上に姿を現して、そこから多くの質問をした。その間、彼女は犬に向かって、言葉でも、身ぶりでも、私たちに吠えることを止めさせようとはしなかった。ヨンデンは天使のような忍耐で返事をしていたが、私は彼の周りで犬を追い払い続けていた。彼女は必要なことを聞いてしまって、やっと私たちの望みをこの家のネモ（主婦）に伝えるために、二階にある住居に入って行った。〇分程待たされて、彼女は返事をするために出てきたが、この家のネモ（主婦）は私たちを家には入れることはできないということだった。

チベット人は、あらゆる国の他の多くの人々と同じように、かなり付和雷同である。一軒の農家で宿を断わられた旅人は、この事を知った人々の誰からも扉を閉ざされるにちがいない。私たちはこの番犬のいる家の近所では、うまくいくことは決してないだろう。

そこで私たちは仕方なく、一、二時間さらに歩いて行って、森の中に入って夜を過ごそうと考えた。が、この耕作地の端にある最後の農家を通りがかった時、家畜小屋の戸の前で、家畜が入るのを見張っている一人の女性がいた。立派な構えの家だった。絶好の機会だったので、ヨンデンは屋根の下に泊めてもらいたいと頼んだ。話しているうちに、私たちの頭上の窓から姿を現したもう一人の女にも、ヨンデンは同じ頼みをした。

別の家でのようにここでも、ネポ（主人）の承諾が必要だったので彼女は聞いて来ると言った。

また待たされた。すると先ほどの女が今度は皿にツァンパを山盛りにして戸口に姿を現した。この農家のネポ（主人）は、これを私たちへの布施としようとしたのだったが、私たちは受け取らなかった。

私ならばこれ以上は固執しなかっただろうが、ヨンデンは頑固だった。

「ツァンパを欲しいと言っているのではありません、泊まるところだけをお願いしているのです。食事は自分たちの持っているものがありますし、施し物のために誰にも迷惑をかけるつもりはありません。ネツァン（宿）を求めているのです」と彼は説明した。

その女はツァンパを持って二階に戻って行った。きっとそれを断わったことがネポに対して良い結果をもたらしたのだろう。私たちは家に入るようにと招かれた。上流階級のチベット人の住居でも見られないような、きれいに掃除のゆきとどいた豪奢な部屋に案内された。召使が火をつけ、囲炉裏の側に沢山の薪を置いていった。

先にかなり下がってしまった、ポ人についての私たちの評価の温度計の針は、またほんの少し持ち直した。

（1）乾燥させ、粉末にした植物。ラマ教の種々の祭式において、焚いて芳香を出すために使われる。糸杉が最も多用されるが、地方によっては、高山に生育するつつじの葉や、ある種のシダの新芽、ヒマラヤ山中の夏白菊の一種も使われる。ローマ・カトリック教会における香と同じ。
（2）ギャルポは「王」。
（3）礼拝堂付き司祭。
（4）男性に対する尊敬を込めた呼びかけ。英語のSirに相当する。
（5）「神々は勝利した」（第二章注（20）参照）。
（6）土の洞窟。岩の洞はタク・プクと名付けて区別している。
（7）体・言葉・心（身口意）は仏教の教理による三区分。
（8）私の履いていた農民のブーツは、毛織物で作られていて、靴底はなめしていない分厚いヤクの革一枚でできていた。この靴底は余り丈夫ではないので頻繁に取り替えなくてはならなかった。この理由で、長旅にはこれに使う一枚の革布を携帯する習慣であった。
（9）先祖の両親の神。
（10）占いの術。
（11）長、高位の役人。

（12）インドで確立されているようなカースト制度は、チベットにはまったくないが、鍛冶屋、肉屋、とりわけ浮浪者、職業としての乞食などは、多少なりとも不浄であると見なされている。旅行者は、不浄の人々や物と接触した結果、汚れを負っていたり、あるいはまた悪霊にとりつかれていることがあると、チベット人は信じている。

第七章　ポ地方の人々

翌朝、深い森を横切ると、スン・ゾン村[1]の近くに至った。

全カンギュル[2]の読経が近辺の村で行われて、一〇八巻から成るその聖典が、農夫たちの引く数頭のヤクの背に積まれ、寺に返すために運ばれていた。後ろから、一人のお婆さんが毛のふさふさとした大きな牛を連れて、悠々とついて来た。牛も飼い主と同じように、急がず、時々立ち止まっては、小道の端を探して好きな草を食んでいた。

　彼女は、私たちとおしゃべりを始めた。私が歩きながら乾燥したツァンパを食べていることに気付くと、アンバグ[3]（懐《ふところ》）から一片のパン菓子を取り出して、私にくれた。このパンは貧しいお婆さんの懐のなかで、どんな変わった不潔なものと一緒だったか、わかったものではなかった。だが、それを要らないとは言えず、少なくとも幾口かは食べてみせなくてはならなかった。その後では、施しをしてくれたお婆さんに気づかれないように、木々の茂みの中に捨ててしまってもよかった。しかし、わざわざそんなことをすることはなかった。焼き上がったばかりの小麦色のパンは、不味いどころか、最後の一切れまで呑み込んでしまうほど美味しかった。

土地の菓子を食べ終わったころには、スン・ゾン村に着いた。

広大な谷間のあちこちに散在している一群の家々が見えた。この村は、かなり大きいように思えた。

小丘にある寺の境内には、数多くの建物がひしめいて建っていた。数本の川が、丘のまわりを取り囲んで流れていて、寺に通じる橋々が架かっていた。チベットでは、多くの寺は壁が石灰で塗られているので、周りの景色からはっきりと浮かび上がって見える。この寺は、例外的にほぼすべての建物が壁土で塗られたままで、上塗りはされていなかった。四方から寺に通じるどの道からも見下ろされる位置にある、この黄色く、つやのない寺の建物は、背景に暗い色調の険しい巨大な山々がそびえているにもかかわらず、むしろ目立たなかった。

私以前にはヨーロッパ人が訪れたことのない、ポルン・ツァンポ川の上流地域の地理の細部に関する記述は、幾分か学界を益することになるとは思うが、この本の限られた紙面では、それは省かざるを得ない。

食料をたっぷり調達しなければならなかったので、私たちはスン・ゾンにかなり長く足を止めた。寺の周囲は活気に満ちていた。農民たちが家畜の背に薪や肉や穀物を積んで各地からやって来ていた。馬に乗ったこの地方の小役人たちが、人々の間を走り回ったり、早足であちこちに行って威張ったようすで命令していた。僧が、あわただしく寺の門を出入りしていた。私は、この喧噪をさほど遠くないところから見下ろしていた。黄色の土の建物からなる寺は、まるで勤勉な働き蟻が仕事の真っ最中である巨大な蟻塚のようだった。

このように異様なほど人々が動きまわっている原因は、チュ・ゾンを石をもって追われ、ゴンパ（寺）に逃げ込んだ高官が今そこに滞在しているからだった。高官の一人が、旅の途中で滞在することになると、どの地方であろうとも、その土地の人々は、本人とその従者、召使、家畜に食事を提供するだけではなく、毎日ある一定量の貢ぎ物を産物とお金でもって供出しなければならなかった。蟻のような人の行列は、哀れにもポンポ（高官）の袋を一杯にしようとしているためであることはあきらかだった。

ヨンデンは三時間近くも寺の内にいた。彼は、幾人かの親切なタパ（修行僧）に会い、彼らから食料を買っただけではなく、パンや乾燥杏や種々の菓子を贈物として貰った。これほど好意的に迎えられると、延々と続くお喋りを逃れられないし、寺の同僚たちから勧められるお茶を断わることもできなかった。

ヨンデンが陽気な仲間と楽しく過ごしていたとき、私は、寒風の吹き曝す草木もない広漠とした地面に座って、荷物の番をしながらそれほど愉快でない時を過ごしていた。

そこへ、家畜の番をしている数人の子供が来て、私のそばに座った。私は子供たちに様々な話をさせた。彼らの無邪気なお喋りから、この地方について興味深い幾つかのことを知った。その後、数人の召使を伴った裕福な旅行者が通った。彼は、立ち止まって、私がそこで誰を待っているのかと尋ねた。そばに置いていた二個の荷物から、連れがあるとわかったのだった。私は、息子のゲロン（僧）が寺を訪れているのだと答えた。僧が身内にいると聞いて、彼は私を信頼のおける者と思ったにちがいなかった。彼は親しく語らおうとして、馬から降りた。当然、私の出身地についても尋ねられることとなった。

当時、私はさらに故郷を変えて、ガリという遠くの地方にしていた。彼は、この地方については名前を知っているだけだったが、ツァンの首都であるシガツェに滞在したことがあった。私は数年前にその町を訪れたことがあったので、その話をすることは容易だった。彼は座って、私たちは会話を楽しんだ。チベットの族長制の慣習に従って、召使たちが時々話に口を挟んだ。コンブ地方から来た彼は、チベット人の大好きなその地方の、固めた糖蜜入りの小さなパンを袋一杯持って来ていた。彼は別れぎわに私にそのお菓子を二個ほどくれた。

食料を持って帰ってきたヨンデンは、もらった贈物を得意げにひけらかしたので、私は、二個の糖蜜の菓子を、天から降りてきたラモ（女神）からの贈物だと話して彼を煙に巻いて楽しんだ。

スン・ゾンを後にして、すぐに入った地方は、いつの季節にも景色が美しかったにちがいなかったが、とりわけ私たちがそこを通過した冬には、まるで魅惑的な御伽話の国のような景色を呈していた。

数日間、深い原始林の薄闇の中を歩き続けた。突然に光が射し、夢かと見まごう風景が出現した。空高く屹立する幾つかの鋭峰、凍てついた奔流、氷結した水流がきらきらと光る幕を岩の角に掛けている巨大な滝。樅の巨木の森が描いている緑の線の上方に、目も眩むような純白の、まったくの幻想的な世界が浮かんでいた。

私たちは、この美しい光景に圧倒され、言葉もなかった。人間界の果てまで来てしまって、妖精の世界の入口に立っているのだと信じてしまいそうだった。

道を進み続けて行くと、大きな森の闇の中に再び入り、先ほどの景色は消えてしまった。しかしまた新たに、異なった幻想的な風景が現れた。

ここまで足を踏み入れたのは、私たちが最初だと考えると、少し誇らしく思えた。私たちのような、痩せて小柄な、か弱い旅行者が、ガイドもなく、ポーターも連れず、荷物を背負い、真冬に、次々と眼前に聳え立つ数多の巨大な山脈を越えて徒歩で旅してきたのだ。また、この魔法の国の道々を守っている番人たちの目をも欺いてきた。この二つの困難に打ち勝ったことが、長い道のりを楽にし、背中の荷物を軽くした。

私たちは、この地方を彷徨した。最短距離の道筋から外れてあちこちさ迷い、昼間に散策しながら進んだ。そして夜にはしばしば木の根元で眠り、運良く洞窟が見つかったりすると、そこで休んだ。

もっとも、森の中の小集落や、人里離れた農家や、寺に行き着いたときには、暖かい部屋に泊めてもらえるかと期待して、宿を頼んだことも度々あった。いつでも宿が提供されたわけではなかった。私たちに向かって放された犬と戦ったことも一度ではなかった。私たちは、通過してきた様々な地域の犬の獰猛さについて、旅の途中で真剣に議論したこともあった。犬について一定の見解を持つことができるほどの経験をしたからだ。

私たちが宿を懇願したときに、病人が家の中にいると返事をするようなエゴイストもいた。このような返答は、家に近づくことを禁じられたも同然だった。

病人の寝室に入ってはいけないということは、普通に考えられるように衛生への配慮からではなく、迷信に基づくものだ。

前にも述べたことだが、チベット人は物理的原因によって病気にかかり、苦しむとはけっして考えない。全ての病気は、別の世界に属している目に見えない生きものによって引き起こされると考えている。このものたちは、悪意からよりもむしろ必要から、あたかも狩人が野鳥を追うように、他人から「命の息」を奪い取って、それを食べてしまおうと歩き回っている。このように簡単に言ってしまうと、この民間信仰は奇怪なものとしか思えないだろう。

しかしこの民間信仰ではひどく歪曲されてしまっているが、そのもとになっている理論の研究は、一風変わった中央アジアの伝統的な信仰を明らかにすることに役立ち、興味深いものである。

ところで、チベット人の考えでは、旅行者はほとんどが、背後に一匹か数匹の目に見えない悪魔を引き連れていることになっている。悪魔は、隊商に出会った野犬がそれに付いて行くように、一時的に旅行者に付いているのだ。家に入ることを許された見知らぬ人と共に、この姿なき、招かれざる訪問者も入ってきて、病人の体に餌食を見つけるとそれを捕えずにはおかない。

悪賢い田舎の人が、彼らの家の者が健康であるにもかかわらず、この迷信をうまく使って家の扉を閉ざそうとしたことが、何度かあった。

ある時、私はこの古風な策略を使った農婦を震え上がらせたことがあった。彼女が一つしかない窓の扉を閉めようとする前に、私は部屋のなかを一瞥し、誰もいないことを確かめることができた。そこで、彼女は病人が家で寝ていると言ったので、私は霊感を受けたようすをして、その嘘を非難して、聖なる巡礼に自分の家の者が病気だと偽りを言ったからには、病気は必ずやこの家の中に入るだろうと予言した。厳格な口調で、宣言したので、農婦はおびえて、跪き、涙ながらに罪を認めた。

だが、どの家も私たちに扉を閉ざしたのでは決してなかった。この地方でも、サルウェン川の流域地方と同じく、土地の人々の習慣や暮らしに間近に触れて調査する多くの機会に恵まれた。

囲炉裏を囲んで打ち解けて話をする夜に、愉快な物語や、悲劇的な伝説を聞くことがあった。それらの話には、ポ人に特有の考え方が現れていた。森をあてもなく彷徨したとき、思いがけなく、珍しい精神訓練の修行を見る機会に、二度も恵まれた。これは、何よりも印象に残った。

しかし、私たちは川に沿った道筋を再び取り、スン・ゾンの下流にあり、この地方第一の町である、ダシンに向かわねばならなかった。

翌日には、ダシンに着く予定という日に、私たちに追いついてきた二人の村人がいた。どこかで買ってきた一頭の牛をダシンにある家に連れて帰ろうとしていた夫婦だった。ヨンデンはいつものように占いを頼まれた。今回は農家の所有地をめぐる争議のことだった。私たちは、数時間彼らと一緒に道を行った。休憩をしてお茶を飲んだときに、彼らは、ダシンに着いたときには、家にお泊まりくださいと招待してくれて、下にもおかぬもてなしをすると約束した。

さて、夕方近くになって、私たちが小集落を横切ると、ある家の戸口に牛がつながれていた。家の中から、牛の持ち主である、先ほどのポ人の夫が私たちに、「ゆっくりとお先に行って下さい。私たちも、後から行きます」と叫んだ。だが、夜になっても、彼らは追いついて来なかった。彼らは友人の家に泊まったのだろうと、私たちは思った。その後、数軒の農家の近くを通ったが、その時には夜も更けていたので、農家に宿を乞うことはできなかった。農民たちはもう眠っているに違いなく、こんな時間に浮浪者に戸をあける筈はなかった。

屋外で夜を過ごすことには慣れていたので、森の中で自然に掘られた穴をまもなく見つけて、荷物を下ろした。木々の下のあちらこちらに、雪が積もっていた。私たちは、穴のなかに隠れて、その上にテントを広げて覆うという以前と同じカムフラージュの方法をとった。眠っている間に、寛大にも天が私たちの意図を助けてくれた。雪を降らせ、白い綿のテント地の上に本当の雪がうっすらと積もった。雪は私たちをすっぽりと隠し、同時に保温にもなった。

その翌日、大きな奔流の岸辺で昼食を終えると、昨日の夫婦が牛を連れてやって来た。彼らは友達に引き留められてしまったのだと弁解をし、あらためて、家に数日間泊まってくださいと招いてくれ、一緒に家に帰ろうと私たちを急かした。共に歩きながら、ヨンデンに種々の占いを再び頼み始めた。自分たちが家でするもてなしを、占いで先に支払ってもらおうと考えたにちがいなかった。

頼まれたモ（占い）の一つは、一人の病人の容体についてだった。彼らがダシンに着いたとき、病人が死んでいるかどうかということだった。普通ヨンデンは、まったく慎重に神託を述べるのだが、この農民の多くの質問にうんざりしてしまい、乱暴にこう答えた。

「その人は死んでいる」

この夫婦は、その人の死を首を長くして待っている遺産相続者なのか、あるいは愛している子供が死ぬと言われてしまった親なのか、またヨンデンの神託が彼らを喜ばせたのか悲嘆にくれさせたのか、私には解らなかった。彼らはしばらくひそひそと話していた。そして黙りこくってしまった。

それから半時ほどして、ダシンから来た男と出会った。この夫婦は、すぐに病人の容体を尋ねた。

「かなりよくなっています」と男は言った。

ヨンデンの威信はたちまち落ちて、ダシン寺の黄金色の屋根が森の中から見えだした頃には、私たちを招待してくれるはずだったこの夫婦は足を早めて、私たちには見向きもせずに去って行ってしまった。

私たちは彼らに約束を果たさせようとはしなかった。本当のところ、彼らの招待に執着はなかった。泊まるところとそれに関する全てのことに無関心でいられたこのころは、私の人生のなんと幸せな時だったことだろう。

私たちが取り残されたところは、大きな森の外れだったので、森の景色の厳めしさが弱まって、きれいな景観を呈していた。ダシンのラマ僧たちは、言うまでもなくこの場所の独特の美しさに気づき、道筋を見下ろすように、岩の壁にいくつかのツァム・カン（隠者の庵）を建てていた。黒い岩に引っ掛けられているかと思われる隠者たちの白い小さな家々は、岩の凹凸に奇跡的にぶら下がっていて、また岩山の裂け目からけなげに生えている樅の木々は、隠者たちの庵の奇趣に富む無秩序を縁取っていた。素晴らしい光景だった。

隠棲は、チベットでは非常に名誉なことだ。この事についての詳細を書くと、ここでは余りに紙面を取りすぎるので、次に出版しようと考えている『チベットの神秘家たち』という本のなかで、記そうと思う。実際に、チベットの国全体を覆っている神秘の雰囲気の中でも、神秘家たちの謎は際立っている。この「雪の国」は、おそらく近い将来鎖国をとくだろうが、これらの隠者の庵の神秘が多くの人々に明らかにされることはないだろうと思う。

私は、大きな漂石に背をもたせかけて草の上に座り、小さな庵の白壁をじっと見ながら、そのなかで隠れて暮らしている人々の生活と思想について想像することを楽しんだ。その時、大きな巡礼団が通りかかった。彼らはラサからの帰途で、ヌの谷間の家へ戻って行くのだ。私たちは、彼らの通過してきた道や、横切った地方について、有益な情報を聞き出そうと努めたが、興味を引かれるような事実はほとんどなかった。

巡礼たちが行ってしまったので、私たちは、非常に美しい木の橋を渡って、ポルン・ツァンポ川をもう一度横切り、左岸に戻った。寺に向かって行く途中で、先に一緒に旅した農民の夫婦が、少し離れたところにいることに私は気付いた。

彼らは、村に向かう坂道を登りきったところに立って、おずおずと、しかししきりに私たちを見ていた。

私はヨンデンに、彼らがいることを教えて、こう言った。

「彼らは悪人ではないでしょう。約束を違えてしまったことを悔いて、いまは私たちを家に連れて行きたいと思っているにちがいありません」

ヨンデンは彼らの方に目を遣って、こう断言した。

「病人が死んでいたのだ」

「どうしてそんなことがわかるのですか」と私は驚いて尋ねた。

「簡単にわかることです。彼らのようすは、先ほど行ってしまったときとまったく違っていて、ひどく謙遜になっていると思いませんか。きっと、偉い予言者を侮辱したと考え、自分達がした破廉恥な行為の結果を恐れているにちがいありません。帰宅するや、病人が死んだことを知ったのです」

懐疑主義者のヨンデンの説が正しかったかも知れなかった。いずれにしても、彼は毅然として寺に向かって行き、もはや二人の罪人に一瞥も与えず、そこに入った。私は、ヨンデンがこの地のタパ（修行僧）から食料を買っているあいだ、寺に沿った人通りの多い道の端の、小石ばかりの斜面に目立たないように座って彼を待っていた。

谷間にあるダシン寺は、山の頂に建って睥睨している寺のような堂々としたようすはまったくなかった。しかし、その古い城壁の下を曲折して流れる緑の水を湛えた川と、その正面にある木々に覆われた岩山は、寺の黄金色をした丸屋根の周囲に、詩情ある美しい景色をつくっていた。

寺の後に、一部分が畑になっている広い谷が開けていた。そこから、幾つかの峠を越えて南部チベットに向かっている一本の道が発していた。(4) その道から幾本かの道が分岐して、アッサム地方の北でインドとの国境に至る道や、ビルマや雲南省に行く旅人が辿る道となっていた。

ポルン・ツァンポ川の右岸には、ダシンの近くで、山脈を横切って北方に向かうもう一本の道筋が発していた。その道は、ラサからチャムドへ通じる郵便道に連絡し、更に先では分岐して、草の砂漠へ向かう数本の道となっていた。そのうちの一本は、隊商がラサに茶を運ぶ道筋にある、チベットの経済の中心地ジェクンドへと通じている。そこから無人の地を横切って、北方に歩き続けると、甘粛省の西寧とダンカルという、中国人とチベット人の大バザールに行くことができる。そこをさらに進んで行くと、モンゴルに到る。チャムドを起点とする郵便道の北側に位置するこれらの地方に私は滞在したことがあって、よく知っていたので、そこへ再び行くことのできる小道に行き遭うたびに、数々の思い出が私の心をよぎった。

私は、道端で待っている間、巡礼らしく数珠を無意識に繰る仕草をしながら、川の流れを見ていた。そこを、数人の女性が偶然に通りかかった。彼女たちは、私たちがダシンに着く前に横切った雑木林へ木を切りに行くのだった。一人きりで座っている私を見て、立ち止まって私に尋ねた。私には今寺に出かけているゲロン（僧）の息子がいて、彼と共に長い巡礼旅をしてきたことが解ると、彼女たちは、私と話を始めた。

この間、ヨンデンはこの寺でもスン・ゾンと同じく親切な歓迎を受けていた。彼はそこで偶然にも、彼の祖父が「紅帽」派の妻帯ラマ僧として昔かなり高い地位にあった地方から来た一人のタパ（修行僧）に出会った。ヨンデンはその地方の多くの人々を知っていた。個人的に面識はなかったが、少なくとも名前は知っていた。何年も前から彼らの噂を聞いていなかったにもかかわらず、彼ら全員の近況を話して聞かせて、そのタパの好奇心をすっかり満足させたのだった。

チベットでは、このような好運な巡り合いの後には、きまって会食をする。かくして、「息子」が寺の壁の内側で楽しんでいる一方、「老いた母」は日が沈むやいなや、砂利の上で寒さに身を震わし始めていた。

薪を背負って戻ってきた女たちは、私がまだ同じ場所にいたので、大層驚いた。再びお喋りが始まり、一人の女がその夜に泊まるようにと私を家に招いてくれることになった。彼女は家までの道筋を詳しく説明してくれた。村の女たちは、なかなか帰ってしまおうとはせず、とうとうヨンデンが、食料を持った二人の見習い僧を連れて帰ってきた。

この小僧の役目は、私たちを農民の家まで案内して、農民たちに宿を提供するようにというラマ僧の命令を伝えることだった。しかし私は、むしろここで知り合った親切な女の招待を受けたいと思ったので、ヨンデンに一部始終を話し、私たちは彼女の家に行った。

その夜泊まった家の主人は、農民ではあったが、とても賢い男だった。彼は広く旅をし、ラサで長く暮らしたこともあった。彼が私たちに語った話には、いずれも非常に興味を引かれた。だが、会話を楽しみながら、私はある恐れに捕われないではいられなかった。一般の農民に比べて広い視野を持っているこの男が、私たちの扮装を見破ることはないだろうかと。

そのような困った事態をできる限り防ごうとして、私はラマ僧への尊敬を示すために、全ての家事を受け持った。小川に水を汲みに行き、スープをつくり、食後に鍋を洗った。その間彼は、絨毯の上に座ってこの家の主人と話をしていた。

夜明けに私たちは出発した。気温は低く、森に入らない間は、激しい風がたたきつけるように吹いてきた。

ポ・ツァンポ川の谷は、私たちがその源泉を発見した高所に始まって、ブラフマプトラ川に注ぎ込んでいる場所に至るまで、土地によって気候の変化が甚だしかった。私たちは、深く積もった雪の中を出発し、ショワでは一月に青々とした畑とすでに伸びている麦を見ることになった。

まだ鍬の入れられていないこの地方の土壌は肥沃のようだった。豊かな収穫が得られると期待して近隣の地方からやってきた入植者は、森のあちこちを数ヘクタールも開墾し、そこに簡素な農家を建てていた。小屋は、ロシアの丸太小屋風に丸太で建てられ、またその周囲はしばしば樅の木で囲まれていて、シベリア地方を思い起こす特徴ある風景を作っていた。これらの田舎屋は数多く建てられていたが、非常に小さく、住居や家畜小屋を併せて二、三〇平方メートル以下である事も稀ではなかった。

このような田舎屋のなかでも、さらに小さな家で、真実の愛で結ばれている一組の夫婦に出会って、私は驚いた。

この恋人たちはどちらも青年から老人への過程を半ば以上進んでいるように見えた。男は瘤ができて首が変形していて、女は少しも美しくなかった。

小屋の中には彼らと一緒に、雌牛と乳飲み仔牛、二匹の仔牛、数匹の子豚がいた。まさしく家畜小屋だった。がさごそと動き回るこの奇妙な動物の同居者とともに、私たちは、この家の主人たちの愛の身の上話を聞いて心を打たれた。何という激しい恋だろう！　この家のネモ（主婦）はかつては貴婦人であり、美しい立派な家に住んでいたのだが、そこから身一つで森に逃げ出して、貧しいロメオの腕の中に飛び込んだということだった。

彼らの間には子供は生まれなかった。チベットでは珍しい事だが、二人ともが望まなかったのだろう。彼らのお互いへの優しさは、長い年月を経ても、まだ彼らの心にひたすらに満ちていた。

貧しい彼らはできる限りの歓待をしてくれた。蕪のスープを彼らと分かちあった。私たちに旅の食料としてかなりの量のツァンパをあくまで受け取らせようとした。

ヨンデンは、当然ここでも、ほかの家でと同様に、占い師が取り扱う種々の事について相談された。このときにはヨンデンは儀式を終えてこう告げた。(5)ルに牛乳のお供えを受納してもらうように、そして、何よりも先に、この家と家財道具を入念に掃除して、神々に不快な思いをさせないようにすべきだと。

こうしてしかるべくお告げがなされたのちに、皆は寝る準備をした。この家の人々は囲炉裏の片側に、ヨンデンと私はその向かい側に、雌牛とその乳飲み仔牛は戸口近くに、別の仔牛たちは私たちの足元にそれぞれ寝た。まもなく、この家族は眠気に襲われ、仲良くくっつきあったまま動かなくなってしまった。黒い子豚だけがまだごそごそ動いていた。小屋の中で足の踏み場もなく眠っている者たちの上を踏んで端から端まで走り回っている数匹の黒い子豚は、薄暗闇の中では「砂漠の司祭たち」の休息を邪魔する小悪魔を思い起こさせた。

年老いた恋人たちは、騒がしい夜には馴れているに違いなかった。彼らはすぐにいびきをかきだした。ヨンデンは彼らに聞かれることはないと確信して、私に小声で言った。

「俺の頭の上の棚に台所道具と一緒に置いてある壺に、五ルピーを入れてあげてもよいでしょうか。この親切なネモ（主婦）が、家を掃除するときに見つけて、ルが置いてくれたと信じるでしょう」

この戯れは善い行いではあったが、私は用心のために、四川省のコインよりもインドのものを与えた方がよいとヨンデンに言った。インドのコインはわきに置いてある袋の中に入っているので、赤くなった薪の薄明かりの下でも容易に取り出せた。こうしておけば、もし万一、私たちが贈物をしたと疑われても、私たちは、彼らに言ったとおり、このコインが流通しているラサから来て、東部チベットに行き、再び首都に帰るということが、証明されるだろう。

この親切な農民が私たちのささやかな贈物を見つけるときに、居合わせたかったと思う。おそらく彼らは、自分たちにルの恩恵をもたらしたラマ僧の能力を高く評価するにちがいないだろう。あるいは、ルは人間の姿をとって現れるという物語は数多くあるので、私たち自身が人々の間を遍歴する神々だと、信じ込むかもしれなかった。

＊

新年はチベット全土で同じ時期に祝われるのではない。ラサと中央チベットでは、人々は中国暦に従っている。(6) ポ・ユルとカムでの暦は、それより一カ月早かった。このような特殊な事情から、私たちは、ポ・メ（ポ低地地方）の質素な首都のショワには、元旦に着いた。人々は、ちょうど新年を祝っていた。

この国の王と王妃はこの時期にはラサに滞在中だったが、臣下たちが祝宴を開けないわけではなかった。人々は喜びにわき、大御馳走を食べていた。私たちも彼らと同じように陽気に楽しみたいと思った。

そこで私たちは大胆にも王宮に向かって歩いて行き、大きな門の下を通りながら大声でお経を唱え、誰彼かまうことなく人々皆の上に、数多くの祝福を溢れるほど次々と与えた。物乞いが並々でない大声に恵まれているこの国でも、私たちほどの者は珍しかったと思う。

窓々から顔が覗き、あちこちから人が現れて、中庭に集まって来た。彼らは驚いて棒立ちになっていた。このように成功したので私たちはさらに大胆になり、ラマ僧がお経を詠唱するときの特に低い声で、ヨンデンが祝辞を朗々と唱え始めた。

最初には吠え立てていた犬が、すっかり静まってしまい、おびえて逃げ去ったり、中庭の最も離れた隅に隠れてしまった。

だが、私たちの歌が、どんなに上手であったとしても、聞いている者たちはすぐにそれを止めさせたいと思ったにちがいなかった。召使たちが一瓶の麦焼酎とお茶とツァンパを運んできて、お好きなだけ召し上がりなさいと私たちに勧めた。

私たちは、仏教の掟を忠実に守っているので一滴も飲まないと言って、酒を断わった。

この国では酒を慎んでいる者はごく僅かだったので、私たちの振舞いは王宮の監督官たちに高く評価され、彼らは尊敬を現すために、一皿の乾燥肉を贈物とした。しかし私たちは生きとし生けるもの全ての命を慈しみ、また特に新年の初めにあたって間接的であれ殺生の残酷な行為を認めるようなことはしたくないとはっきりと言って、それをも断わった時には、ポ人たちの感嘆の気持ちは極みに達した。肉はすぐに運び去られ、その代わりに一盛りの菓子が私たちの前に積まれた。

私たちは満腹するまで飲み食いをし、さらに、旅の食料を沢山貰い、歓待してくれた人々の尊敬に満ちた視線に見送られて、王宮を後にした。

この谷間に沿っている本道は、ショワで再びポルン・ツァンポ川を渡って、その右岸に戻った。この場所に架かっていた橋は、全体が木製で、幅が広く、廊下のように囲まれていて、屋根がついていた。

橋の両端には見張り番の小屋があり、両端の入口の戸は閉じることができた。絵や魔術の言葉が描かれたおびただしい数の紙や、束ねられた小さな細長い紙の旗が戸口の方々に掛けられていた。この川は、これらに記された賛歌や祝福を表す言葉を運んで下って行き、かくしてその流域に、敬虔な思いと幸福の芽が伝播するのだろう。

チベットでは、中国と同じ様に、人々は自国の橋や、道や、著名な場所に、詩的な、あるいは宗教的な、また哲学的な文章を彫って飾りとすることを好む。この習慣は嘲笑すべきものと考えた探検家たちがいたが、私にはその気持ちは理解できない。中国人が達筆で書いた数行の巧みな詩、形の良い岩に彫られた賢明な思想、洞窟の中に描かれる瞑想しているブッダの像、あるいは広場の風に揺れている、サンスクリットの古いマントラ（真言）、「サルヴァ・マンガラム（全ての者の喜び）」を掲げる素朴な一枚の細長い紙切れでさえも、ヨーロッパの国々の道路を飾っているハムや酒をすすめる広告よりは格段に好ましいと私には思える。

もちろん私の趣味は一人の野生人のものである。

橋の近くには、マニ・ラカン（マニ堂）が建っていた。文字が刻された石や、山積みされたマニの塔、おびただしい旗がその周囲を取り囲むようにあった。そこに立つと、王宮全体を見渡せた。王宮の基部には一本の川が流れていた。王宮はほぼ四角い形をした低層の建物で、建築としてなんら凝ったものではなかった。

私たちは、ポ・メ（ポ低地地方）の首都で見るべきすべてのものを見物した。午後になったばかりだったので、ショワで一泊するよりは先の旅を続けたいと願った。

その夜は、ある村に足を止めて、農民たちと一緒に新年の夕食をとった。翌日も、やはり新年のお祝いは続いていて、別の農家で祝宴についた。

私たちの過ごしたクリスマスは多少なりとも悲劇的だったが、ポ人たちと共に祝った正月は、賑やかで面白かった。だが、ラサで迎える本当の新年はこれよりどんなにか楽しいものにちがいない。しかしながら、この時にはまだ、聖都でどんな喜びが私たちを待ち受けているかは未来のみの知ることであった。

次に行った村でも、入植者の一家に迎えられ、非常に親切にもてなされた。

私たちは囲炉裏端に座って食事をした。ヨンデンはこの家のネポ（主人）と世間話をしていた。その間に、この家の娘の一人が菓子の大きな生地を捏ねているのに私は気付いた。彼女は数時間も捏ね続けていた。ヨンデンはラマ僧として、常のように幾度も占って、この家の農民たちの質問に答えていた。夜も更けていた。娘は相変わらず生地を捏ね続けていた。私は気にかかって、この仕事の結末を最後まで見届けたいと思い、できる限り起きていたかった。だが、ヨンデンは、私たちは明日の早朝に旅立つつもりで、疲れているので休まねばならないから失礼すると言った。私はそれに異をとなえることはできなかった。私たちは、寝室を兼ねている台所の隅に行き、私たちのテントを掛け布団にして横になった。

この家の人々は、私たちのような乞食に遠慮することなく、ふざけたり歌ったりし続けていた。誰もが、眠っているのは本当のアルジョパ（巡礼）だと思い込んで、この騒ぎが眠りを妨げるとは考えてもいなかった。しかし勿論私は目覚めていて、チベット人たちを観察し、話に聞き耳をたてていた。だがついに疲労が好奇心に打ち勝ち、微睡《まどろ》んでしまった。揚げ物のにおいがしてきたので、私は目覚めて、周りの人々のことを思いだした。

娘は生地を捏ねる仕事を止めて、「新年のガレット」を美味しいマイルドな油で揚げた。ポ人たちは杏の種(7)から油を絞るのだ。なんと間が悪かったのだろうか！　もしもうしばらくこの家の人たちと共に起きていたら、私たちにもこのお菓子をきっと分けてもらえただろう。しかしこうなっては、香りを嗅ぐだけだ。

私は並外れた食いしんぼうではないが、毎日ツァンパばかりを食べている食事は一種の厳しい苦行だった。私はこんなにも早く床についたのが悪いとヨンデンを恨んだ。彼は眠っていたのだろうか。私がこうむっているこの美味しいものを見せられて食べられない刑を彼も受けるべきだと思った。私は腕を伸ばして彼を揺り動かそうとしたが、手は届かなかった。そこで私は、私たちが掛け布団にしているテントの下で彼の方にそっと近寄ってみると、彼は大きな目を開いていた。

「彼らはガレットを食べている」と私はヨンデンの耳もとで言った。

「そのようですね」と彼はすまなそうに小声で言った。

「私たちにも分けてくれるでしょうか」

「くれないでしょうね。彼らは私たちが眠りこんだと思っていますから」

私はこの無情な言葉に、反論せず、枕に使っている小袋のところに滑って戻りながら、お腹いっぱい食べている幸せな農民たちを見た。彼らがガレットを食べるよりは鍋で揚げる方が早かったので、娘たちは誰も受け取らないガレットを、籠の中に置いた。暫くして、それはきれいな山形に積み上がり始めた。これを見るや、私は期待できると思った。明日の朝、朝食にあの中の幾つかを貰えるかも知れない。冷えてしまってはいるだろうが、それでも毎日食べ続けなければならないツァンパに比べればどんなにかありがたい！

人々は満腹して、とうとう誰もが自分の布団に丸まって木床に横になってしまった。火は消え、部屋は暗くなり、私は眠り込んだ。

翌朝、揚げていない生地がまだ残っていた。私たちは揚げたての熱いかりかりの菓子を食べ、また昨晩に揚げられた沢山のお菓子をもらって、旅の食料として袋に入れて持って出た。ポ地方を横切るこの旅行は、ここまでは平穏無事に過ぎたので、私たちはポ人について喧伝されていることには、かなりの誇張があると考え始めていた。だが、チベット人は誰もその噂を信じていて、私たちが道筋で出会ったり、その家で泊めてもらったりした、逞しい体つきの謹厳な容貌の立派な男たちを、生まれつきの強盗だと見なしていた。

ポ人について立てられていた悪評を証拠立てるようなことには、私たちはこれまでまったく出会わなかった。その代わりに、前もって聞いていたように、隊商も単独の旅行者もこの道を行かないと確認することができた。噂では、この地方の巡礼のみが危険を承知でここを通るということだったが、一人として見かけることもなかった。そしてこれから起こる事実が、私たちが得ていた情報を完全に裏付けることとなった。

非常に美味しいガレットが作られた親切な農家を出発して数時間後、一軒家の前を通りかかると、ちょうどその時、家から数人の男が出てきた。新年のお祝いはやはりここでも続いていた。この家で楽しんでいた男たちは、酩酊していたり、ほろ酔いだったりした。彼らは各々銃を持ち、私たちにねらいを定める者もいたが、私たちはそれに気付かないふりをした。

夕方に、大きな洞窟を見つけ、そこに泊まった。快適な休息場所だった。余りにも快適だったので、遅くまで眠りすぎた。昼食に、贅沢にもスープを作り、さらに一層遅れてしまった。食事を終えるころ、男がやって来て、売るものはないかと私たちに尋ねた。男は、私たちのまだ閉じていない袋の口から中身をじっと見ていた。なかにあった二本の匙が特に彼の注意を引いた。彼は座り込んで、自分のアンバグ（懐）から乾燥チーズを一切れ取り出して、食べ始めた。

この発酵したチーズは、ロックフォールチーズに似た味がした。ヨンデンはこの美味しいチーズを食事のときに食べたいと考えて、この地方で手に入るかと尋ねた。男はできると答えた。この洞窟からそんなには遠くない彼の家にもそれはあって、もし私たちが針を持っているのなら、交換してもよいと言った。

私たちは、このような交換のために針を幾袋か持って来ていた。そこで、このポ人はチーズを取りに家に帰った。

私たちがまだ荷造りを終えないうちに、彼は、一目でふてぶてしく不誠実だとわかる男を一人連れて戻ってきた。この男は私たちのテントを買いたいと言いつつ、布地に触り、匙を手に取って眺めまわした。その間、最初に来て私たちと取引をした男は、あたかも誰かを待っているかのように、自分たち二人が来た方向をしきりに見ていた。

この二人の無頼漢の意図は間もなく露見した。一人は自分のアンバグ（懐）に二本の匙を隠し、もう一人はヨンデンの手からテントをむりやり奪い取ろうとした。

彼らの仲間も私たちのことを聞いて、持ち物を奪う手助けにやって来るかもしれなかった。ことは深刻になってきた。この二人を脅かして、急いで出発することが肝要だった。そうすれば、私たちは別の村に行き着くだろう。この盗賊たちもそこまで追ってくることはないだろう。いずれにしても、やってみるほかはない。

先ず最初に、私は盗人たちの良心に訴えてみたが、それはまったくの徒労に終わった。一刻を争った。この男たちとは早急にけりをつけねばならず、またおそらく近づいて来ている者たちに、私たちが無防備のお馬鹿さんでないことを知らしめなければならなかった。

「テントをいますぐに放しなさい。盗った匙を返しなさい」と、私は厳しく命じた。そして、同時に、泥棒たちに気づかれないように自動小銃を服の下で手にした。

反応として、二人の男の図々しい方は、笑いだし、別の物を奪い取ろうとして身を屈めただけだった。その時私はこの男のすぐ後ろにいて、彼を撃った。勿論、私は彼を脅かしたいと思っただけだったので、ピストルを廻して的を外した。チーズを持っていた男は、その時までは私の長い袖の中に隠れていたピストルが、外に現れた瞬間にそれを見た。仲間を助けるために何もできないまま、私がすぐ近くから撃ち殺してしまうと考えたのか、恐ろしさの余り一言も発することも出来ず、恐怖に両目を見開いて、私をじっと見つめ、身動きできなかった。もう一人の男は、仲間の顔色が突然に変わったことに気づいたのだろうか。それは解らないが、突然に後ずさりした。まさにその瞬間に発砲された銃弾は、彼の頭に向かい、髪の毛をかすったのだった。

彼は大慌てで匙を地面に投げ捨て、一組の悪漢は茂みを抜けて逃げて行った。

これらすべては数秒間のできごとだった。

二人の無頼漢が去っても、私たちの置かれた状況はそれほどよくなったわけではなかった。彼らはおそらく待っている仲間と会うだろう。そして今度は大勢で私たちに危害を加えるかも知れなかった。私はヨンデンに急いで荷物をまとめるように言った。すぐに出発しなければならなかった。

どうなるのだろうか。私たちは襲撃されるだろうか。それはわからない。私たちが洞窟を去ろうとしたとき、三〇人ほどの巡礼の一団がやって来た。彼らは、私たちがポ・ユル（ポ地方）に入ってから初めて出会った他の地方からこの地に来た巡礼であり、また私たちは彼ら以外の旅行者には遭遇しなかった。彼らは、歩いている途中で爆音を聞いて、何が起こったのかを尋ねに来たのだった。

私たちはこの一団に加わった。おそらく、思いがけなく彼らと遭ったので、私たちは命拾いをしたのだ。

新しい旅の仲間から、ポ人たちは、少なくともその一部は、実際に悪い噂どおりだということを教わり、また先程の体験からもそうだとわかった。

同行することになった人々の多くは、ヌの谷のゾゴンから来ていた。そこは、私たちがポランよりも上流でヌ・チュ川を渡り、山脈を横切ってジャモ・ヌ・チュ川に行くことによって、避けた村だった。私たちがエグニ峠に登るために案内人と一頭の馬とを調達したドクパ（羊飼）の野営地に着いたまさにその日、彼らはナゴンの谷に通じている峠の麓の別の野営地の近くで宿泊していたのだった。

山に登るまえに、数人のタパ（修行僧）は長靴の底を張り替えようとし、大部分の巡礼者も、ドクパ（羊飼）の野営地のそばに一日滞在して、靴の修理をしようと決めた。

一方、数人の俗人の男とほとんどの女は、休まずにゆっくりと山を登って、反対側の下りの斜面で巡礼団の本体と合流することにした。

彼らは峠を越えて、少し下った木々の下で夜を過ごした。朝日が昇ると、ポ人たちが峠の頂きに登ってきた。彼らは干した杏ととうがらしをヤクの背に積んで、大麦と交換するために近くの村にでかける途中だった。巡礼を見つけるや、襲撃して、掛け布団を奪い取り、服の下に隠し持っていた僅かばかりの所持金を奪った。そしてまだ残りの巡礼の一団が後から登って来ると知ると、途中で止まらないで急いで谷を下るようにと命令し、まるで牧草を食べさせるために家畜を山に放すように、巡礼たちを追い払い、自分たちは峠の付近に陣取ってネスコルパ（巡礼者）の次の一団が登って来るのを待った。

タパたちは、そこで待ち伏せていた彼らに出会った。山々のひだに隠れて通行人を捕まえ、頭から食べてしまう悪魔にも似たものと伝説が語っているポ人たちに。

ポ人たちは、タパらに贈物をするように求めた。中国においてと同じくチベットにおいても、街道の盗賊はこのようにいんぎんに自分たちの無理強いを表明するのだ。大半の僧は武装していたので、所持している刀や槍で彼らに襲いかかって返事とした。盗賊たちもまた刀を抜いたが、旅行者のほうが数が多く、勇ましいポ・ユル（ポ地方）の息子たちは圧倒され、ついに打ち負かされてしまった。

巡礼団の本体の人々は、先に行ってひどい目にあった人々とは翌日になってやっと巡り合い、彼らが物を奪われたことを知ったが、盗人を追いかけるには、もはや遅すぎた。

この災難の後、教団に属している幾人かの僧は、道筋にある種々の寺にそれぞれ立ち寄り、そのために時間をとられて大幅に遅れた。その間、同じ巡礼団にいて災難に遭った人々は、一文無しになってしまったので、村々を駆け巡り、食物や奪い取られた掛け布団の代わりになる衣類を、物乞いして集めた。私たちも非常にゆっくりと進んでいたのだが、彼らに追い越されなかったのは、このような理由だった。

この巡礼団の案内役をしていた三人のタパは、以前旅行したときに、夏にポ・ゴツァ峠を越えてポ・メ（ポ低地地方）に入り、ポ・メの中央の谷を横切ったことがあった。ポ・ゴツァ峠の近くにある別の二つの峠については、私たちはその一つであるエグニ峠を越えたのだったが、彼らはそれらがあるとも知らなかった。

この巡礼団の人々は、ヌ・チュやジャモ・ヌ・チュの谷間に住む多くのカム人と同じく、いたって親切だった。共に旅した数日間は大変楽しかった。だが、彼らはポ・ユル（ポ地方）の高地を巡って費やした日数を取り返し、参加僧に対して報酬の出るラサの祭りの日に間に合おうと、足を早めて先を急ぎ始めた。段々と、彼らの歩みはまさに走るようになり、私たちは、彼らだけにこの訓練を続けてもらうことにした。

私たちがこの陽気な一団と過ごした二日目に、ポルン・ツァンポ川を離れ、小さな峠を越えて、ポルン川とイゴン・ツァンポ川の合流点の近くに位置しているトン・メという村へ降りた。イゴン・ツァンポ川が行く道を横切っていたので、サルウェン川やメコン川を渡った時のように、ケーブルで宙吊りになって川を渡らなくてはならなかった。

今回も幸運なことに、まさに必要なときに同行者がいた。トゥパ（船頭）は決して、ただ二人きりの乞食に、時間を潰すようなことはしなかっただろう。これほど僅かな渡し賃では、彼らの仕事にならなかっただろうから。

ポ地方のここの渡し守は、先に私たちが宙を渡った時に助けてくれた素朴な人々とは全然違っていた。彼らの粗野な物腰や体つきのごつごつしたありさまは、ギュスターブ・ドレの幾枚かの挿絵を思い出させた。渡し綱は彼らと釣りあっていて、何事か起こらずにはすみそうもないようすをしていた。私たちの渡った場所はサルウェン川よりも川幅が相当に広く、そこに掛かっている綱はひどくたわんでいて、中央は川の水かさが高くなったときには多分水を被るに違いなかった。

渡し守たちは、最初は私たちをその翌日に渡すと言ったが、私たちが一緒にいた巡礼団の団長のたっての願いと渡し賃の額を考慮して、その日のうちに取り計らってくれることになった。

確かに仕事は容易ではなかった。

トゥパ（船頭）は少なくとも一〇人以上はいた。先ず最初に、幾人かの渡し守が対岸に渡るために、私たちのように引っ張ってもらわず、まさに軽業師の技で、急流の上でブランコのように揺れ動くこの綱を、手だけ使って進んだ。

彼らが対岸に着くと、荷物が渡されることになった。この作業はかなりの時間がかかった。この間にトゥパの頭とおぼしき一人の老婆が、既に受け取った渡し賃に加えて、一人につき三本の針かそれに相当する現金の追加料金を要求した。針はチベット国内では非常に貴重であり、大きな隊商が通る道以外では手に入れることが難しかった。トゥパのお婆さんは、旅行者たちから強奪したもので相当な収入を得たに違いなかった。

ヨンデンが渡る前に、私の番がきた。サルウェン川の岸辺でとまったく同じように、私は一人の女と共に鈎に結び付けられたが、今回はここに書くほどの事故は起こらなかった。

綱橋の周囲には、荘厳な原始の景色が広がり、ギャルワ・ペリ山(8)の巨大な尖峰が高く聳えていた。綱橋の中ほどで、私の長年に亘るアジアの山々の登山経験において最も美しい景色の一つであると思える景色が見えた。

緑なす山々に挟まれた「勝利の蓮の山」の未踏の雪嶺は、薄暗い峡谷の奥に堂々と聳え、そこからイゴン川が激しく流れ下っていた。川の波は、なにか激情に突き動かされたかのように、次々と跳ね上がり、それはまるで、この泰然とした巨人の足元に供物として身を捧げているように見えた。チベットの数多くの景観のように、この場所にあるものは、それより遥かに、言葉に尽くし難い神秘の雰囲気に包まれていた。岩や木々が、いかにも秘密を隠しもっているかのような謎めいたありさまを呈し、静寂を破る微かな風のざわめきが叢林を吹き抜けていた。

しかし残念なことに、この景色は余りにも早く過ぎ去ってしまった。

私は、ここに長く留まり、周りの自然と親しく語り合いたいとどんなにか願ったことだろう。しかし、先を急ぐ旅だったので、一夜を過ごすことしかできず、大変残念だった。

　私は、対岸に渡り着くやいなや、宿となる場所を探し、小さな白い砂浜の上の高いところにある洞窟を見つけた。ヨンデンは一番最後の人たちと共に渡り、夜になって着いた。

　翌朝、夜明けに目覚めたにもかかわらず、私たちの洞窟からほど遠くない洞窟で夜を過ごした、一緒に旅をしてきていた巡礼団がいなくなっていることに、驚き、がっかりした。道をよく知っているタパ（修行僧）に、森の中を案内してもらおうと考えていたので、残念だった。森はヒマラヤ山脈の低地地帯を思わせる熱帯のような密林になっていた。

　空気も、もう同じではなく、チベットの乾燥した高い台地の持つ独特な爽やかな香りは失われていた。冬のさなかなのに、たいそう暖かだった。この地方では決して氷結しなかった。湿った地面は、しばしば泥濘《ぬかる》んでいた。空は曇っていた。トン・メの村人は、雨になると、私たちに予告した。

　川岸のこの場所で、道筋のはっきりしない数本の道が、交差していた。一本目の道は、イゴン川の谷間を登って、北に向かい、ポ地方の高地に通じている。それは、ダシンの近くを起点とする道と同じく、(9)広大な草の平原に向かう数本の道に至る。二本目の道は、南方に向かって、ブラフマプトラ川の岸辺に至っている。三本目の道は、コンブ地方を経由してラサに行く道だ。(10)

私たちは、少し探索した後にコンブへの道を見つけた。その道を半時間も行かないうちに、分岐点に至った。実際には、この分岐した道の一本が本道であり、他は近道だったのだが、その時にはそうとは知らずに、二本の異なった道の一本を選ぶと思い、自分たちの直観にたよって、近道の方を取ったのだった。

この道はその奇抜さにおいてポ地方の土木技師の名声を高める傑作にちがいなかった。道は、あちこちで切り立った巨岩で遮られ、そこを越えるにはかろうじて足指を掛けるだけの溝が彫られている一本の木の幹を登るか、あるいは階段状に積み重ねられた、ぐらぐらする自然石を登るかだった。地面は全くなく、そのかわりに斧で粗く切られた板切れがあるか、あるいは切り立った崖には間隔を置いて埋め込まれた足掛けの若木があった。これら様々の土木建設物は、足の長さが私たちよりもはるかに長い巨人のポ人のサイズにあわせて作られていたので、歯形つきの木の幹を降りたり、石の積み重ねてあるところをなんとか渡ろうとする時に、この国の人々ならば大きく一またぎするところを、私たちの足は空を切ることがしばしばだった。足だけで渡るのが無理なときには、手やアルペンストックの助けを借りた。小枝を歯でくわえてしまったのには、我ながら驚いた。それはとっさにしたことだったが、何の役にも立たず、ヨンデンと私は数日間そのことを思い出しては、笑った。

重い荷物を背負っていなかったら、ある程度は、楽しんでこの体操をしたかも知れなかったが、私たちの荷物はかなり重かった。人里離れた森を横切って、長い旅をすると考えたので、旅の食料のツァンパを充分に持っていたのだった。なんといっても、離れ技をする度ごとに、背負っているツァンパの重量が、体のバランスを崩して危険だった。

間違った道をとってしまったかと思ったことが最もいけなかった。このような道は確かにとにかく村には通じているに違いないが、積荷を運んで驢馬が辿るコンブへの道であるとは、考えられなかった。

私たちが一緒に旅をしていた巡礼団の人々の足跡もまったく見つからなかった。三二人もが通れば、沼地に足跡を残さずにはおかない。彼らが別の道をとったことは明らかだった。しかし私の小さな羅針盤では正しい方向に進んでいたので、私はあえてそのまま進んだ。結局、私たちは二人だけになってしまった。私たちは、ラマ教政府の繁栄を願って聖典を唱するために、ラサに定められた日に着く必要はなかった。祭りの期間が始まるときに到着できれば良く、ここからゆっくりと歩いて行ってもまだ充分に間に合った。

唯一の心配は、盗人に再び出会うかもしれないことだった。だが、ここは言わずと知れた危険地帯であり、いやがおうでもこの道を行く以外にないのだから、不確かな危険について心配しても無意味であり、そもそも私たちにはそれを避ける何の手段もなかった。

この起伏の多い道は、シルヴァン（森の守護神）を祭っている一本の巨木のそばで終わり、そこで驢馬の通る道に合流していた。私たちが他の道に迷い込まなかったことは、本当に幸運だった。

私たちは、大きな森の単調な風景とは対照をなすところに着いて喜んだ。その聖なる木は、呪文の文字や絵を描いた旗々に飾られて、葉の繁った木の下の薄暗闇の恐ろしい雰囲気が緩和されていた。木のまわりは、自然の神々に捧げられた場所に特有の霊の威力が満ちていて、その根元で休憩していると、遠い昔、未だ若い人類が素朴な神々と共に暮らしていた時代が思い起こされた。

普通の道に戻ったので、早く行くことができた。私は、すさまじい道を踏破することになった、間違った道の選択を深く後悔した。私は、むしろ親切な森の守護神シルヴァンの栄光を頌《たた》えておけばよかったのだ。その神の隠れた誘いによってあんな道を来てしまったのだから。

少し先に行くと、今摘まれたばかりのような瑞々しい蘭の花の一枝を道で拾った。季節は一月だった。このことを記せば、チベットには、ラサの南からヒマラヤ山脈にまで広がっている凍り付いた不毛の地域とはかけ離れた地域もあることを知ってもらえるだろう。

午後も終わる頃、私たちはタパ（修行僧）やその仲間たちと合流した。彼らはポ・ツァンポ川の一支流の川岸の美しい空き地で野営していた。私たちの到着は、彼らに驚きを引き起こし、彼らは私たちに向かって走って来て、その後私たちが追いはぎに出くわさなかったかと尋ねた。道筋では、誰にも出会わなかったと私たちは答えた。彼らは、たいそう驚いた。彼らは早朝に、ポ人の一団と遭遇して、道を塞がれ、贈物を強要されたのだった。ナゴンの谷間に降りて行く途中でと同様に、タパたちはびた一文たりとも拒否したので、この二組のグループは腕力に訴えることになった。数人の盗人たちは傷を負い、他の者たちはそれ以上争わずに逃げ去った。ネスコルパ（巡礼者）たちの方は、二人がナイフによる切り傷を負い、さらにもう一人が、突き飛ばされて岩の上に強く倒れ、内臓の痛みに苦しんだということだった。

　私たちが近道を取ったことを話すと、皆は、私たちがうまく思いついたと誉めた。私たちが、驢馬の通る道をとっていたならば、先ほどの失敗にかんしゃくを起こしている山賊たちに間違いなく見つけられて、何もかも奪われてしまったことだったろう。

　チベットでは山賊に遭遇することは、ありふれたことであって、余程むごたらしいことでも起こらなければ、旅行者はほとんど関心を払わなかった。負傷して火のそばに横たわっている仲間たちを見ても、他の人々が意気消沈することはなかった。それどころか、旅行の単調さを打ち破るこのこぜりあいは、むしろ彼らの意気を新たに高めたようだった。

　近くの村に住む村人たちが、空き地で焚かれた大きな火や、森で木を切る音に気付いた。

数人の村人たちがやって来た。彼らは少し酒に酔っていたようだった。私たちや巡礼団の人々と世間話を交わしながら、探るような目付きをして、野営地を見回していた。彼らは、私たちの戦力の程度を調べて、略奪できるかどうかを仲間に知らせるためにやって来たスパイではないだろうかと、私は疑った。

村人たちは、ヨンデンに近寄って、自分たちのところに一日滞在して、家や田畑を祝福してもらえないかと願った。ヨンデンは、勿論この招待を断わった。ラサでの大ムラム(11)に出席しなくてはならないので、急いでいるのだと言い訳をした。この言い訳は非のうちどころがなかったので、ポ人たちはそれ以上固執しなかったが、彼らは翌日に、村の女や子供を連れてきて祝福してもらうつもりだと言った。

このような信心深い言葉を聞いても、旅行者たちは夜に厳重な警護をする事にした。祝福を懇願する信仰心の篤い人々、すなわち午前中に出会った盗人が、闇に乗じて私たちを襲うかも知れなかった。そこで、見張りの者が野営地の周りに立ったが、平穏に夜は過ぎて行った。

一方、私たちは、彼らから少し離れたところにテントを張って、熟睡した。旅行者の一団は、今度も夜明け前に出発してしまった。私たちが目覚めた時には、空き地には誰もいなかった。私は朝のお茶を飲もうとしたが、ヨンデンはあまり安全とは言えないこの場所に、仲間もなくいることに次第に不安を感じ始めた。私たちが荷物に紐を掛け終わり、私が身をかがめて袋を背負おうとしたとき、突然ヨンデンが、盗賊の一団が来たと、私に合図した。確かに、彼の指さす方向に、人々がかたまっていることを認めたが、近づいて来るにつれて、それは女と子供だけだとわかった。

昨夜私たちを訪ねて来た村人は、かなり酔っていたにもかかわらず、ヨンデンに祝福してもらうために、彼らを送り出すことを忘れなかったのだ。女性たちは、僅かではあったがバターや乾燥した果物や一籠のピーマンなど、ラサの市場で交換価値の高い品を持ってきた。かくして、一緒に旅をしていた人々が盗賊だと言っていた人々は、まったく反対に、善人だったのだった。

ラマ教の儀式に従って、一人ずつが祝福を受けた。私たちは、貰った贈物を荷造りしたり、女の人たちとは決まって交わすお喋りをしたりしているうちに、出発はさらに一層遅れてしまった。

私たちが出発したときには、先に出発した仲間たちに少なくともその日の内には追いつけまいと思われた。

(1)「言葉の砦」の意味。チベット語では gsoung と綴ると、「言葉」を意味する。または「監視砦」の意味。bsroug と綴ると、「番人、監視、見張り」の意味となる。この二語の発音はほんの微妙な違いがあるだけで殆ど同じである。いくつかの方言によっては、混同される。

（2）　発音は普通は、カンジュールである。「翻訳された言葉」の意味である。サンスクリット語仏典から訳されたラマ教の聖典である。

（3）　腰を帯で締めて着るゆったりした衣服の、胸の部分にできるたるみ（訳注：和服の「懐《ふところ》」）。チベット人はこの衣服しか着ない。彼らが多くの様々な種類のものをそこに入れることは、本当に驚かされる。庶民は下着を着ないので、入れたものが直接に肌に接触している事もしばしばであるが、彼らの最も痩せている者でも、アンバグに入れているものゆえに太って見える。

（4）　（訳注）現在のミャンマー。

（5）　ル（チベット綴ではKlu）はサンスクリット語のナーガという名でのほうがよく知られている。海や湖や泉に住み、莫大な富を有していると信じられている蛇の女神。この女神は崇める者たちを富ませるためにやって来る。女神には、牛乳と清らかな水が供えられる。不潔さ、全ての悪臭、特に肉の悪臭を嫌悪し、怒る。

（6）　ただし、数年来、中国人たちが使っている元旦はラサの元旦と数日の違いがある。中国は現在はグレゴリオ暦を採用しているが、それは公用に限られ、昔からの太陰暦が一般にはまだ使われている。

（7）　これはポ地方の特産物だ。他地方のチベット人たちは、芥子の油を使っている。

（8）　この山脈は、Gyalwa Peri（勝利の蓮の山）ともGyalwa Pal Ri（勝利の高貴なる山）とも呼ばれている。標高は七〇〇〇メートルを越える。

(9) チベット国を横切っている。上流地域では、エスル・ツァンポ川と呼ばれている。意味のない形容詞であるツァンポ（純粋な）は、チベット国の多くの主要な川の名前に与えられているものである。

(10) これらの道筋以外にも、私たちが辿ってきた道と、その道から、トン・メからさほど遠くない所で分岐しているさらにもう一本の道がある。この道は、イゴン川がその名を貰っているイゴン地方に至っている。

(11) ムラムは「良い願い」。転じて、国家の三寺院、セラ寺、ガンデン寺、デプン寺に属している僧たちの集会。彼らは年頭に集まって、聖典を読経し他の儀式も執り行って、チベット国とラマ僧の王自身の繁栄を願う。

第八章　七人の強盗と二人のラマ僧

これほど数多くの危険を切り抜けて、ここまで来れたのは本当にすばらしいことだ。私は、計画したとおりポの国にいて、ラサに向かっているのだ。しかし、幸運は決して早くに喜ばないことが賢明だ。行く手には、勇敢なポ人たちがまだ私を待ち受けていた。だが、彼らも、初めて彼らの美しい国にやって来た外国人女性の手腕を身に滲みて知ることとなった。ポ人たちは、彼らにとってありふれた行動をしたにすぎなかったが、私の行動は、それを目撃した者たちには、いつまでも忘れられないものになっただろう。想像力豊かなポ人たちが、何時しか私のことを一つの伝説に作り上げ、さらに後になって、民族学者がそれについて考察し、博識を披瀝することになるかもしれない。

私たちは、この日の夕方、うす暗闇の中を、長い行程に疲れ果ててトンギュク川を遡っていた。遥か下から高い川音が聞こえてきたが、流れは見えなかった。私が先に立って進み、その夜を過ごすに適した場所を探していると、その時、こちらに向かって来る七人の男の姿を見た。幾人かは荷物を担いでいた。私はとっさに危険を感じ、この出会いには良いことは期待できないだろうと思った。しかし、どんなときにも、沈着さが最高の武器であり、長い冒険生活でこのような出来事には慣れていたので、私は、疲れきった貧しい巡礼者のように、静かに、無関心に歩き続けた。

男の一人が、私を遮るように、道のまん中に立ちはだかって、どこに行くのかと尋ねた。私は、幾つかの巡礼地の名前を呟き、道の端を茂みに擦れながら通り、彼らから遠ざかった。今回もうまく難を逃れられたと考えて、心の中で喜びつつ振り返ると、ヨンデンが岩を背にしてポ人たちと話しているのが見えた。親しく話しているように思えた。その内容は、私のいた場所までは聞こえてこなかったが、ヨンデンがこの男たちからツァンパを買おうとしているのだと思った。突然に、一人のすばしこい男が、ヨンデンの布包みの片端から何かをかすめ取ったのが見え、ヨンデンが私に向かって叫んだ。

「この男が二ルピーを盗んだ！」

問題にする金額ではなかったが、仲間の成功を羨《うらや》んだ盗人の一人が、ヨンデンの荷物に手を掛けて紐を解こうとした。状況は危険になってきた。数日前のようにピストルを使うことは考えられなかった。盗人たちはみな帯に刀を差していた。彼らの誰か一人を撃つと、彼らに取り囲まれているヨンデンは斬り殺されるだろう。が、そうだとしても、彼らに私たちの荷物の中身を調べられることは危険だった。そこにはこの野生児たちが見たこともない外国製の品物も入っていて、それを見られると、面倒な質問をされるに違いなかった。好奇心をそそられたポ人が、次には私たちの身につけている物を調べようとするかもしれない。それはチベットの街道の追い剝ぎの習慣だ。彼らは服の下に隠している金や銀を見つけることだろう。その後は、一風変わった巡礼の私たちに訴え出られないように、その場で殺すかもしれない。あるいは、高価な物を持っているえたいの知れない私たちを恐れて、頭領のところに連れて行くかもしれない。そのときに、私が変装をしている外国人だと明かせば、村から最も近くに居るラサ政府の高官の所に連行されるだろう。またあくまでも外国人であることを隠し通すならば、私たちは泥棒として扱われ、所持品を取りあげられて容赦なく棒で打たれるだろう。このような結末は、どれも愉快ではなかった。いずれにせよこの旅行は中断され、新たな、おそらく決定的な失敗を迎えることとなるだろう。そうなってはかなわないと思った。

こう書くよりもずっと短い間に、これら全ての考えが私の頭をよぎり、そして一つのシナリオを作り、この鄙びた地を舞台に演じてみようと思った。

私はすぐに一人芝居を始めた。涙を流し、絶望を叫び、失った二ルピーを嘆いた。二ルピーは私の全財産だった！　どうなることか。ラサまでの長い旅の費用がなくなってしまった。あの二ルピーはもともと、聖なるお金だったというのに。ある信心深い村人が亡くなった父親の供養をラマ僧の私の息子に頼んだ、そのお布施だ。

死後一年間あの世で迷い、さまよった父親の霊魂は、私の息子のしかるべき儀式の力によって、至福の国、西方浄土に導かれ、今はそこにいる。お金も、袋の中の小麦粉やバターや少量の肉はどれもユン（布施）として差し出されたもので、ラマ僧とその家族だけが使えるものだ。それを奪おうとする不信仰な者たちがいる……。彼らには遠からず罰が下るだろう。

ここで私は恨みごとを止め、声を張り上げて呪咀した。

ラマ教の神々に長年親しんできた私には、さほど難しいことではなかった。

私は、普通の人は口にするさえはばかる最も恐ろしい神々の名前とその称号を長々と叫んで、呼びだした。

血まみれの人間の皮でつくられた鞍を置く野生の馬に乗ったパルデン・ドルジ・ラモ。人肉をむさぼり食い、人の脳を好んで食う怒りの神々。骸骨が取り巻く王冠を頭にし、骸骨の首飾りを掛けて、死骸の上で踊っている、冥界の王の従者である恐ろしい巨人たち。彼らに、この恨みを晴らしてくれるようにと呼び掛けた。

私は、黒ナクパ（呪術師）の、奥義を授けられた聖なる妻だ。命あるものを憐れみ、ゲロン（聖職者）のけがれなき道に従っている私の息子が被った悪事に対して、ナクパの守護の魔王が懲罰を与えないことがあるだろうか？……

私は自分の言葉に聞き惚れて、最高の悲劇女優になったように思った。おそらく、思い上がった錯覚だったのだろう。ともあれ、周囲の自然が私の熱烈な訴えに引き込まれたように、同調し始めた。森は暗くなり、起こったかすかな風が、藪のなかに遠くの人々のざわめきを巡らせた。谷底を流れる奔流から、不可解な不吉な声がこちらに向かって立ち昇り、聞き知らぬ言葉の脅かしの歌となって、辺りを満たしたようだった。

私は冷静だったが、私自身が作りだした呪術の雰囲気による体の震えを抑えることができなかった。だが、この影響を受けたのは私一人だけではなく、七人の盗人は石と化して、ヨンデンの背後の大岩の前に一列に並んでいたり、下方の小道で立ちすくんでいたりした。彼らは極度の恐怖によって身動きができなくなった一塊の人々となっていた。私はこの衝撃的な様子を写真に収めたいと思った。しかし、写真を撮っている時ではなかった。

一人のポ人が、私の方向におそるおそる進んで来て、少し距離を置いて止まり、遠慮がちに和解の言葉を述べた。

「怒らないでください。二ルピーは返します。泣かないでください。これ以上呪わないでください。俺らは悪人ではありません。教えを守り、ラマ僧を尊敬しています。俺たちはここから六日かかる家に無事に帰りたいのです。途中で、越えねばならない峠には、恐ろしい魔王がいます。この二ルピーを収めてください。どうか、ラマ僧から祝福してもらえますように」

私は怒りと絶望を鎮め、いかにも大切なものを見つけ出したように、二枚の銀貨を受け取った。ヨンデンが来た。彼は七人の無頼漢の一人一人に祝福を与え、旅行の無事を祈って、彼らと別れた。

彼らが戻ってきて、闇に乗じて私たちに強盗を働く恐れはまったくなかったが、今度の事件は私たちにとって、無視できない警告となった。足を速めて、特に危険なこの地域を急遽逃れることが肝要だった。私たちはその日の行程をかなり長くして、闇につつまれた森を横切った。霧雨が緩慢に降り始めた。哀愁を帯びた下弦の月が遅くに雲間に昇った。午前二時ころ、大小様々な岩の転がっている狭い空き地に至った。その向こうに奔流があった。疲れきってそれ以上は進めなかった。だが、夜食は考えられなかった。たとえ、生乾きの木枝を見つけたとしても、雨の降るなかで、火を起こすことはできなかっただろう。水については、薄暗闇のなかを、白く泡立つ奔流の中に立っている岩々まで行って、水を汲むことは無分別きわまりなく危険すぎた。小さなテントを張ることができ、そこで快適ではなくても眠れれば上々だと私は思った。テントを建て、濡れた服と泥だらけの靴を履いたまま、湿った地面の上に横たわった。

前ぶれもなく雲々が月の前を過ぎるたびに、白いテント地の天井に映っている影が動き、その木々の小枝や岩のシルエットが、まるで生きている奇怪な人物のように見えた。川音は群集の数千の声のように聞こえた。姿の見えないものたちに取り囲まれているように感じた。私は、先ほど呼びかけた魔王たちや、原始の自然のなかで生活する人々のすぐ近くにある妖精や神々や魔王たちの神秘の国に思いを馳せた。そして、疲れ果てた頭を、食料の入った袋の枕のうえに休め、見知らぬ友に微笑みかけ、目を閉じてもう一つの夢の国に入った。

チベットの山賊との出会いには、華ばなしさが常に伴っていて、旅人は旅の間に起こるこの心躍る気晴らしを、それなりに楽しんでいたが、普通には、あまりたて続けに起こってほしくないと思っていた。私は、ポ・メ（ポ低地地方）の森で彼らを前に熱演した後には、途中で強盗に出会う機会のなかったことを心から喜んだ。

私たちはトンギュクの近くまで来ていた。トンギュクには、ラサに行く旅行者を取り調べるため、二本の街道の交差点にゾン（館）が巧妙にも建てられているのだ。

トンギュクから、コンブの首都であるジャムダへ行くには、ブラフマプトラ川に至る道よりも近い道がある。だが、この近道は、広大な荒地を横切っていて危険だと聞いていた。そのために旅行者は南下して、この大河の岸辺まで行く遠回りをしているのだろう。東洋では、要する時間はほとんど問題にされない。チベット人が第一番に考慮するのは、道の安全性と食料が容易に得られるかということだ。

トンギュクから、北チベットの無人の草原に向かう道もある。

私たちが辿ろうとする道は、ゾン（館）のある谷から下ってきている、幅は広くないがかなり深い川と交差していた。そこに架かっている橋の近くで、川はルアンから流れてきている川と合流していた。ルアンからの川には、私は遠くから見たに過ぎないが、この合流点のすぐ上流で、大きな支流が流れ入っていた。合流したこれらの川がトンギュク川と名付けられて、ポ・ツァンポ川に向かっているのだ。

この橋は、際だった特徴はなく、ショワやダシンでポルン川に架かっていた橋に少しも似ていなかった。橋の片端は扉で閉ざされていた。反対側には見張り番の小屋があり、ゾン（館）で許可を得、通行税を払わなければ誰も橋を渡れないように監視していた。

私たちが扉を叩くと、番人は少し顔を覗かせ問いただそうとしたが、私たちは彼にその暇を与えず、二人とも大変な心配事で取り乱しているかのように口ぐちに叫んだ。

「私たちの仲間がここにいるでしょうか」

「仲間って、誰だ」と番人は聞いた。

「セラ寺とデプン寺の僧の巡礼団です」

「今朝、かれらは発ってしまったよ」

「なんということだろう！」と私たちは、落胆した調子で声を合わせて言った。

私たちを見ている間に、番人は無意識に戸をほんの少し広く開けた。私たちは彼に質問をし続けて気を散らさせておいて、すかさず、その隙間から入ってはならないそのなかに入り込んだ。

つぎに、仲間のタパ（修行僧）が私たちへの伝言を彼に託さなかったか、とりわけ、タパの一人の荷物の中にあった私たちの乾燥肉の入った袋をそこに置いて行かなかったかと尋ねた。話の間中、ヨンデンは番人を疑わしげに見た。番人は、気の毒にも、何も預かっていないとヨンデンに納得させようと懸命になり、ラマ僧の持ち物は、どんな僅かなものでも横領することは気がとがめるとまで言った。

ヨンデンは、乾燥肉の袋だけが気にかかっているので、その他一切のこと、特に、旅の通行を許可されるためにしなくてはならない手続きなどは、全く関心の外にあるという芝居を見事に演じていた。だが、番人は耳元で大声でとめどもなくなされる話と、ラマ僧からかけられたあらぬ侮辱的な嫌疑で、すっかり呆然となっていたが、自分の役目ははっきりわきまえており、私たちが遠ざかろうとすれば、私たちの義務を思い起こさせるつもりだと、私にはわかった。

私たちは、この橋の門の中に入ってしまえば、ゾン（館）に行かずにすむだろうと考えていた。が、そう考えていると番人に気付かれてはならなかった。この計略は半ば成功していた。律儀な番人は、ラマ僧にかかりきりで、私の方を見もしなかった。彼は私を少しも怪しんではいなかった。そうであれば、ポンポ（高官）はわざわざ一人の乞食女を調べることはないだろうと思えた。突然、私に大胆な考えが浮かんだ。ゾンに行こう、そうすれば多分、そこで私はポンポの使用人と取引や交換ができるだろう。

冒険だがやってみようと決めて、私は貧しい者の泣くような口調で番人に尋ねた。

「私たちの仲間はポンポから施しものを貰ったでしょうか?」

「そんなことは知らないよ」と番人は自分の正直さを証明したいとの考えしかなく、そっけなく答えた。

「では、私たちの肉はここにないということなので、旅の食料をポンポにお願いしようと思います。もう食べ物がほとんどないのです」

「袋がどこにあるのかは、モ（占い）でわかることだ。俺のモは誤ることはない」とヨンデンは険しい口調で私の話を遮った。

「そう、そのとおりです。モ・ギャブ（お坊さん）、あとで、ポンポ（高官）に会えますよ」とこの無実の番人はいそいそと言った。

「私は今すぐポンポに会いに行きます。きっと施しをしてくださるでしょう」と私は言った。

番人はまったく無関心だった。

ポンポ（高官）の館に近づいて行くと、こざっぱりとしたまずまずの身なりの男に出会った。私は彼に非常に丁寧に挨拶をして、ポンポに会う許しを得るにはどうすればよいのかと尋ねた。

「どんなご用ですか」と彼は私に尋ねた。

私は、昨夜トンギュクに着いた旅行団の一員として、セラ寺のタパ（修行僧）である息子と共に、やってきたのだと話した。息子が片足の痛みにひどく苦しんだので、一団の後に残ったが、彼はかなり回復した。私たちは旅の食料がなくなってしまい、仲間に出来る限り早く追いつこうとしている。このように私は言った。

そして私は臆したふりをして、アンバグ（懐《ふところ》）(1)から布切れをだし、その端に丁寧にたたんで結び込んであった二枚のトランカを取り出して、言った。このお金は私の息子がここに来たときに、ポンポ（高官）への贈物にするつもりです。間もなく息子は来ます。今、彼は橋の番人に、私たちの仲間がここを通ったときに置いて行ってくれたはずの袋のことを、尋ねているのです。

二トランカは私たちが関所を通る代金としては充分すぎる額だった。私が食料の貯えがなくなったと言ったので、この男は、息子のラマ僧がポンポ（高官）から物品の布施をもらいたいと考えているると察しただろう。(2) 私はチベット人の習性をよく知っているのでこの策略を思いついたのだ。それが成功するためには、示したお金の総額が相手の気を引き、またそれを得たいと思わせるに足りる額でなくてはならなかった。そのお金が誰に渡されるかについては、私たちの意図と違って、彼がどのように考えようともかまわなかった。私は続けて言った。

「待っている間に、スラ（布施）を頂戴したいのですが……」

この男は、私がポンポ（高官）から施しを願っているのか、あるいは召使から願っているのかをはっきりと言う暇を与えずに、私の手から二トランカを素早く取り上げた。その場で待っているようにと手短に私に命令して、向こうに行ってしまった。考えていた通りにお芝居は進んだ。

数分後、召使がツァンパを持って来た。私のお金を取った男が話している声が聞こえた。

「あの女は帰してよろしい。またタパは、わざわざここまで来ることはない」

その召使は、橋の番人のところに行くと、私には聞き取れなかったのだが、何か彼に話して帰って行った。

橋の番人、ケルベロス（ギリシア神話の三つの頭を持つ地獄の番人）は、自信に満ち、陽気になっていた。私のいない間に、「モ（占い）は決して誤らない」我が予言者が、モによって、巡礼たちは私たちの乾燥肉を番人には預けて行かなかったことを明らかにしたからだった。

ゾン（館）に行ったときに私が出会った男が誰かについては尋ねない方が安全だと考えた。私たちは今回も首尾よく危機を脱した。私たちは慌ただしくそこを離れた。番人は、私たちが一刻も早く仲間に追いつきたがっていると、信じ込んでいたので、不審だとは思わなかっただろう。その夜には、川の対岸のほぼ正面に、村が垣間見える、美しい場所に野営した。夕方からかすかに降り始めた雪を避けるために、一本の大木の下にテントを張った。翌朝、曙光とともに、薄く積もった雪はたちまち溶けた。

数日来の旅の仲間に、私たちはもう会うはずはなかった。彼らが、私たちの危険な旅行で果たしてくれた思いがけない役割は、彼らが旅立ったのちにまで、私たちがトンギュクのゾン（館）をより容易に通り過ぎることに役だって、今終わった。彼らは自分達の知らない間にも、私たちに奉仕してくれたのだ。その報酬として、彼らの人生においても同じような幸運に恵まれますようにと私は祈った。

トンギュクを過ぎると、道はコンブ・ロ・ラム（コンブ南道）と呼ばれ、コンブ地方との境に向かっていた。この地方もやはり森林地帯だったが、森は、イゴン・ツァンポ川の流域が呈していたような亜熱帯の密林のようすは失せ、またアルプスの風景がすでに見られた。

気温はかなり低くなった。川は、随所で縁が厚く凍りつき、その間を流れていて、完全に凍結している場所もあった。私たちは毎夜屋外で、そばに大きな焚火を燃やし、樅の大木の根元で眠った。大きな枝が屋根の代わりとなった。

森の中に散在している数少ない村は道筋から見えず、通行人とめったに会わなかった。まだ荒地が続いていたが、次第に、通過してきた広大なサトン[3]とは周囲の様子が変わってきた。言葉では表し難いが、人の集落が近い気配がして、まもなく中部の諸地方に入ることになった。

この地域の住民たちは、ポ地方でと同様に、毛皮の長衣を着ていた。裕福な者は、その上に熊の皮の袖なしの上着を羽織り、普通の村人は、黒っぽい山羊の皮の上着だった。衣服の形は、男女同じだったが、長さが異なっていた。男性は、長衣の裾が膝まで届かないように帯の中に織り込んでおり、袖なしの上着は腰までの長さだった。女性の方は、くるぶしを隠す丈の長衣と、膝までの上着を着ていた。毛皮の服が、毛が内側になっていることは、チベット全土で同じだった。

この南道の地方では、女性の衣装の特徴は、頭に被っている丸い黒のフェルトの帽子にあった。それは、ヨーロッパの帽子とまったく同じ形で、リボンや鳥の羽の飾りが付いていて、パリのどんな帽子店のショウウインドーをも美しく飾るものだった。

この地方で聞いた風変わりな歌の数々は、この装飾品よりもはるかに興味深かった。私は、最初には、その歌は森の奥深くで執り行われている神秘的な儀式で歌われていると思っていたが、ある偶然によって、そのさほど詩的ではない事実を知った。

ある日、またもや、心を揺さぶるこの葬式の歌らしきものが、道から少し離れた場所から聞こえてきた。私は森のなかに入り、歌声に導かれてその方へ近づいて行った。そこに行き着く間に、不吉な葬式や、死者占いの恐ろしい儀式を思い描いていた。興味深い光景を見物しようとしている旅行者の心を捉えるわくわくする興奮の虜になって、私は空き地の縁に着いた。悲歌を唱っている歌手たちは、山羊皮の服を着て、この地方の黒いフェルト帽を被っていた。彼女らが熱心にしていた仕事は、どんな劇的なものでもなかった。部族の男が山上で切り倒してひき割った木々を、下ろしていただけだった。重い木材は一本ずつ綱で結ばれて、一〇人程の木こり女に引かれていた。この悲哀にみちた葬列の歌は、彼女たちの足並みを揃えるという平凡な役をはたしていたにすぎなかった。

この変わった歌の起源は何だったのだろう。同じような歌は、チベットのここ以外の地方では聞くことがなかった。

ポの森とコンブ・ロ・ラム（コンブ南道）を出ると、大きく開けた地域に至り、数個の谷の入口がそこから遠くに見えた。幾つかの村が広大な耕作地のなかに散在していて、その向こうには、大きな牧場が広がっていた。アルプスの風景を偲ばせるが、ずっと大規模である景色が広びろと展望され、それを取り囲んでいる山々が優美な背景をなしていた。

この地方の西部と北西部に広がっている地域は、ヨーロッパ人がまだ足を踏み入れたことがなかった。私はトンギュク川とジャムダ川の間に聳える山脈を横切る短期間の探検を是非ともしたいと思った。

残念なことに、限られた時間しかなかった。ラサに、正月の祭りの行われる時に着きたいと思うならば、急がねばならなかった。また私は、軽率な行動をして、人目に立ったり、外国人でないかと疑われることをやはり恐れていた。街道を外れてさまよっている理由を問いただされたときに、どのように説明できるだろう。行き先を尋ねられたときに、何と答えればよいだろう。ここは人の住んでいる地域で、山中の森の奥深くでさえ木こりや狩人に出会う恐れがあった。

チベットでは、物見遊山の旅行はしない。仕事である決まった場所に行ったり、信心のための巡礼を行うのではない限り、旅行は馬鹿げていると考えられている。

行こうとしていた山脈のなかや、それを越して向こうにある寺やゾン（館）の名前を知っていたならば、必要に迫られたときにはそれらの名前を言って、旅行が目的のあるものだと証明することができたのだったが、そこにはたして道があるのかさえ私は知らなかった。

それでも、私は出発した。夜に発って、農民が畑に出かける朝に、見られる心配のないところにいられるようにした。木々の茂った尾根に至り、反対側の斜面を下り、また別の頂上に登ると、遠くに雪を戴いた峰々がかすかに見えた。既に二日間歩いていた。ジャムダ川に行き着けるころと思った。しかし、その確信は少しも得られず、そこまで何日かかるのかさえ見当もつかなかった。

私は他方、テモの近くでブラフマプトラ川の岸辺に達し、その後、この方面にあると話に聞いたボン教の大聖地と、幾つかの場所を是非訪れてみたいとも願っていた。また、先に述べたが、祭りの時期にラサに着きたいと望んでいた。ところが、一旦南に下って、ジャムダ川の岸辺に達し、その後、数年前からこの旅行で訪れたいと考えていたコンブの首都、ジャムダに引き返すとすれば、時間が足りなくなるだろう。

この計画をうまく折り合わせることはできなかった。選ばねばならなかった。夕食のお茶が沸いている火のそばに座って、私はどちらを選ぼうかと考えていた。その時、突然、炎の向こうから私を見ている非常に背の高いラマ僧の姿に気づいた。

ヨンデンも私も、彼の来る足音は聞かなかった。まるで古い御伽話に語られている妖精のように地面から沸き上がってきたのかと思えた。

チベット人は、柔らかくしなやかな靴底のドクパ（羊飼）の靴を履いているので足音をたてないで歩く。しかし彼が余りにも忽然と現れたので、私たちは驚いてこの見知らぬ人をまじまじと見た。

彼はゴムチェン（隠者）の非常に質素な衣服[4]を着て、トゥ・トレン[5]を胸の前に掛け、三叉の鉾が上に付いている長い鉄棒を手にしていた。

彼は黙って火のそばに座った。私たちは「カレ・ジュ・デンジャク[6]」と礼儀正しい挨拶をしたが、彼は応えなかった。ヨンデンは彼と話をしようとしたが、無駄だった。そこで私たちは、この人は、苦行者がかつて従った習慣によって、沈黙の願をたてたのだと思った。

この無言の男からじっと見つめられることに、私は窮した。彼が立ち上がって行ってしまうか、あるいは少なくとも旅行者にとって普通の振舞い、食べたり、飲んだりをしてもらいたいと願った。だが、彼は荷物を持たず、ツァンパの袋さえ持っていなかった。宿屋のないこの地方では、それは、常軌を逸したことだった。食料はどうしているのだろう。あぐらをかいて座り、三叉の鉾を地面に立てて、まるで像のようで、目だけが生きていた。夜になっていた。ここに留まるつもりだろうか。

お茶の用意ができると、この奇妙な人は、衣服の下から鉢の形に切った頭蓋骨を取り出し、ヨンデンに催促した。普通には、このどくろの椀は密教の修行者だけの持ち物で、酒を飲むときのみに使うものだった。ヨンデンはこう言って断わった。

「ゴムチェン、ここには、チャン(7)はありません。私たちは飲みませんから」

この男は初めて口を開いて、ヨンデンに言った。

「あるものをよこしなさい。何でもいい」

彼はお茶を飲み、ツァンパを僅か食べて、黙りこくってしまった。彼が行ってしまうのか、火のそばで眠りたいのか、その態度からはわからなかった。

彼は不動の姿勢のままで、不意に私に話しかけた。

「ジェッヌマ（尼僧さま）、いったいあなたはあのトゥ・トレンやゼン(8)、それから修練者の指輪(9)は、どうされたのですか」

私は心臓の鼓動が止まった。この男は私を知っていたのだ。どこでかは、わからないが、私がゴムチェンマ（女性隠者）の姿をしていたカムか、草原か、アムドか、ツァンで、私は彼に姿を見られていたのだった。

ヨンデンはごまかそうとして早口で言った。あなたの言っていることは、何のことかわからない、母と私は……。しかし、不思議な旅人は、ヨンデンにそれ以上嘘を続けさせはしなかった。

「むこうへ行きなさい」と彼は命令口調で言った。

私は冷静さを取り戻していた。とりつくろっても無駄だ。この旅人の顔を見ても、私はなにも思い出さなかったが、彼はその時の私を知っていた。この場は、敢然と状況に対するのが一番だった。私を密告しても、彼には何の得もないだろう。

「あちらで火を起こしてあたってきなさい」と私はヨンデンに言った。

彼は一抱えの薪と火のついている小枝を持って行ってしまった。

「ジェツヌマ（尼僧さま）、思いだそうとしなさるな。私は望むどんな顔にもなれるのだ。あなたは、この顔を一度も見たことはない」と、この苦行者は二人きりになると言った。

この後に続いた会話は、余りにも長く、またチベットの哲学や神秘主義についての余りにも専門的な話だったので、ここに書くことはできない。とうとう、この旅人は立ち上がって、杖を手にし、やって来たときと同じく幽霊のように立ち去った。砂利道を足音なく歩き、茂みの中に入り、そこにとけ込んでしまったように思えた。

私はヨンデンを呼んだ。彼の幾つかの問いに、私は簡潔に次のように答えるに止めた。

「あのゴムチェン（隠者）は私たちを知っていました。彼に会ったことは思い出せませんが、彼が私たちを密告することはないでしょう」

私は横たわり、邪魔されないように眠ったふりをして、不思議な旅人の話を聞いて考えたことの続きを追っていった。だが、しばらくすると、青白い光が空にさした。夜が明けたのだ。私がゴムチェンの話を聞いている間に、一晩が過ぎてしまっていたのだった。

火をおこして質素な食事を作った。

あのラマ僧の人柄には、話したことの内容から完全な信頼をもつことができ、彼が私を密告する恐れはないと私は確信すべきであったが、数ヵ月間の極度の心配と、絶え間のない警戒で、私の頭は疲れ果ててしまっていて、新たに生じた不安を打ち消すことができなかった。私はしようとしていた寄り道を続けようとは、もう思わなかった。

あのゴムチェンは、山の奥深くの隠者の庵に赴かないとすれば、ジャムダ川の流れる谷に下りるだろう。私は彼に尊敬の気持ちを持っていたが、やはり面識のある人の近くには行かないほうがよいと思った[10]。

「引き返すことにします。テモの峠を越え、その向こうにある大寺院を訪れましょう。そこで、あなたに是非とも必要な暖かい古着を買うことができるでしょう」と、私はヨンデンに言った。

私たちは無事に人の住んでいる地域に再び戻り、村々を通り過ぎ、夜も暮れてから、峠の麓に着いた。

そこには、牧場のなかに灰色の石造りのどっしりとした大きな一軒家があった。この家の外観は、この地方にしては類を見ず住みよさそうだったが、言い難い恐ろしい感じがしていた。この家の写真の下に「死者の旅館」とか「幽霊屋敷」という名を付けると陰気な新聞小説にふさわしい挿絵になるだろう。

私たちはすぐに招き入れられた。二階にある清潔でしっかりとした建て付けの大きな寝室だったが、採光と換気のためには一個の小窓があるのみだった。

私がヨンデンとスープをこしらえていると、一人のラマ僧が、荷物をこの家の主婦に持たせて入ってきた。このラマ僧も、今夜同じ部屋に泊まる事になったのだ。

少しも喜べない事態だったが、避けられなかった。私たちが泊まるようにと通されていた部屋は、この家の主人夫妻の部屋に次いで良い部屋だった。ラサから帰って来た商人たちが占領していた別の部屋にも、この家の主婦は二人のラマ僧を同宿させて、それぞれの僧に恭しく接していた。

同室のラマ僧は穏和で育ちの良い人だと思えた。彼は、私たちから離れた、部屋の反対側の端に夜具に使う絨毯を広げ、それから、お茶を入れるために火のそばに来た。

ヨンデンは、お茶をお入れにならなくともよいと礼儀正しく言い、できあがった私たちのスープをどうぞ召し上がってくださいと勧めた。私たちはスープの後に、お茶を飲むつもりをしていた。ラマ僧はうなずいて、自分の袋からパンとその他の食料を取ってきて、私たちが共にしようと出した夕食に加えてヨンデンにも勧め、座って、食べ始めた。

チベットの習慣では、私は二人の男から少し離れた所にいなければならなかった。この習慣によって、私は隅の薄暗闇から、火のそばにいるラマ僧を観察することができた。

中国風の旅行着にゴムタク[11]を肩から脇にはすかいに掛けていること、衣服の幾つかの特徴、この部屋の入口の二枚の床板の間に差し込んで立ててある、上に三叉が付いている鉄の棒から、私は彼は紅帽派の一派、おそらくゾク・チェン派に属している者だと思った。

このドゥン・カタン[12]は揺れ動く炎に照らされて、平凡なこの田舎家の中に、チベットの隠者の庵の魅力ある神秘の雰囲気をもたらしていた。私は、かつて一緒に過ごしたことのある隠者たちや、たまたま出会って、短い話をすることのできた隠者たちを、それによって思いだした。特に、つい先日に出会った隠者のことは、余りにも生々しく憶えていたので、わざわざ思い起すこともなかった。

しかし、密教のラマ僧が誰しも身につけることになっているこの持ち物を除くと、私たちが新たに道づれとなったこの友は、森の中で突然に私たちの前に姿を現したあの謎めいた人物に少しも似ていなかった。

彼はヨンデンと礼儀正しい挨拶を交わし、各々の故郷や遍歴した場所について、きまりきった問いをお互いにした。このラマ僧は、非常に好感のもてる博識のカム地方の人だった。

私は、初めは、自分の扮している人物にふさわしく、離れて話を聞いていたが、少しして、ヨンデンがきわめて篤学の仲間の卓越した考察をよく理解できず、私が興味を持っている問題について、この人の意見を聞く機会を逃しそうだと思ったので、私は慎重さをまったく忘れて、会話に入った。

この旅人は、自分の前に座っているみすぼらしいチベット女の学識に少しも驚いたようすはなかった。この国の女性や在俗の人にはふつうそのような学識はない。論題に深く心を奪われていたので、話相手に注意を払うことがなかったのだろう。

私たちは、古い本から引用して説明し合ったり、名高い著者の注釈を披露したりしながら、夜更けまで話をし続けた。なんと楽しかったことだろうか。

しかし、翌朝、夜明け前に目覚めたとき、私の東洋学者としての興奮は冷めていて、気分は愉快どころではなかった。

先日の不思議なゴムチェン（隠者）に見破られただけでも、油断していたと思うべきだったのに、更に軽率なことをしてしまった。

学僧でなければ知り得ない深い知識を持っていると、同宿の僧にひけらかせば、彼の興味をひき、疑惑を招くことは当然だった。「ピリング・ジェツヌマ」（外国人の尼僧さま）は八年間チベット人の間を旅して、少なくともその名前は、この国の隅々にまで知られていた。私はなんと愚かなことをしたのだろう。もしこのラマ僧が、悪意ではまったくないとしても、私との出会いを自慢したらどうなるだろう。この困難な旅の成功を、危うくしたのではないだろうか。いったい、私はラサに着くことができるだろうか。

陰気なおそろしげな家に、眠っている哲学者のラマ僧を置き去りにして、私は、このような少しも愉快でないことを考えつつ、テモ峠に向かって登った。

山の頂上付近は深い雪が積もっていたが、道は歩き易く、無事に峠を越えた。ブラフマプトラ川へ向かって迂回する森林の続く下り道はひどく長かった。その間、短い休憩を一度だけとり、やっとテモの村の最初の人家に着いたとき、日は暮れていた。

村人は家に帰って眠っていると確信できるころ、道から離れた場所にテントを張った。近くに薪を見つけたので、テントまでその幾本かを引きずってきて、火を勢いよく焚いた。気温はかなり低く、小さなテントの開いた幕の前にまだ赤いおき火を置いて、足を暖めた。

平穏な一夜が過ぎ、早朝に目覚めた。あるいは、多分、目覚めた夢を見たといった方がよいかもしれない。夜が明け始めていた。私の前に一人のラマ僧が立っていた。あの不可解なゴムチェン（隠者）にも、また山の向こう側に置き去りにしてきた議論の巧みな学僧にも似ていなかった。頭に被り物をしていなかった。長い編み髪をくるぶしまで垂らして、白いスカートをはくレキャンの格好をしていた。そして、私にこう言った。

「ジェッヌマ（尼僧さま）、俗人の衣服や、貧者のまねごとは、あなたには似合わない。扮している者の人柄になっています。あなたは、肩にゼンを担ぎ、トゥ・トレンを首に掛けていた時には、もっと気迫がありました。ラサに着いたときには、またそれらを身につけるべきです。ラサに行けます。心配することはありません」

彼は私に、優しくからかうように微笑みかけた。そして、私が好んで暗唱していた詩の一節を引用して、わざと大げさに言った。

「ジク・メ・ナルジョルナ・ガ（我は恐れを知らぬ女性ヨガ行者なり）」

私は返事をしたいと思ったが、その時には、本当に目覚めなければならなかった。曙光が私の額を照らし、目の前には誰もいず、小さなテントの開けられたままの幕の間から、遠くにテモ寺の黄金の屋根がきらきらと輝いて見えるだけだった。

この旅行には、私たちが困難に遭遇したとき助けるためにつき従っている精霊がいるように思えた。今回は、ヨンデンを一軒の家に導いて、そこで望みの食料や衣服を易々と手に入れさせるという、加護の恵みを与えたのだ。彼は衣服を新しくしなければならなくなっていた。僧服はぼろになってしまって、深い森を出てから、夜の寒さに震えていた。

彼が買った幾分擦り切れた古着は、地味なガーネット色をした、もとは上質の羅紗の布製のラマ僧の旅行着で、少し俗人の服に近い型だった。こんな格好をしていたので、彼は旅の途中で衣服が古くなってしまった裕福な巡礼者のようでもあった。善良な人が、一枚の羊の

パンチェンラマ6世ロサン・チューキ・ニマ（1883—1937）。タシルンポ寺の座主。ダライラマに次ぐ高位である。1923年中国に亡命し、14年後にチベットに戻り、ジェクンドで死去。

タシルンポ寺の中のパンチェンラマの母堂の私邸で。前列左からパンチェンラマの母、筆者。

革を敷物に使うようにと彼に無償で与えた。ヨンデンにとっては、なんという贅沢品だっただろうか。その時まで彼は地面に直に寝ていたのだ。

私はテモである知らせを聞き、驚き悲しんだ。タシルンポのパンチェンラマ(13)が館を逃れ、彼を逮捕するために兵士が送られたという。その結末については、私たちにこれを知らせてくれた人も何も知らなかった。

パンチェンラマには、本書の序に記したように、私はその館に招待され、非常に心のこもったもてなしを受けたことがあった。私は何年も彼の母と文通を続けていた。彼女は毎年冬の初めに、自分自身で刺繍を施した、黄色の錦の帽子と一足のフェルト製の靴を、忘れずに送ってくれた。

シガツェの権力ある僧侶の領主が、亡命するなどとはどうしたことだろう。彼がラサの宮廷と常に完全に友好的な関係を保っているにはほど遠いことを、私はまったく知らなかった訳ではなかった。彼の中国への好意や、反軍国主義の態度がチベットの君主を喜ばせないと噂されていた。彼には重税のかたちで何度か罰金が科せられたことは知っていた。だが、ウ・パク・メ(14)（無量光）と呼ばれる仏の化身として崇拝されている彼が、チベット国を去ることになろうとは、思いもよらないことだった。

その後、このかなり東洋的な政治の事件に関して更に詳細な情報を得た。それらのいくつかは読者のなかで興味を持たれる方もおられるかも知れないので、ここにそのあらましを記す(15)。

ダライラマとその側近たちのタシラマに対する憎悪は、英国の支持によって、数年のうちに募った。タシラマは既に多くの税金を払っていたが、新たに献納金を彼の地方で徴収するように命じられた。私にこの情報をもたらした人々によれば、税金を徴収するために送られた役人は、必要な額を集めることができず、タシラマはダライラマにこう提案したということだった。既に貧しくなってしまったツァン(16)の村々で彼の役人が徴収出来なかった資金は、彼自身がモンゴルに出かければ、その威光で集めることが出来るだろうと。彼にこの許可は下りず、ラサに赴くようにと促された。

ラサでは、ダライラマの平常の住まいのあるノルブリンカ宮殿の敷地の中に、タシラマのために一軒の館が建築されていた。私は後に敷地のかなり外れにある館を見せてもらったが、それは未完成のようだった。この館には牢獄も含まれていて、このことを知ったのでタシラマは逃亡したと、噂されていた。

ラサ政府は、タシルンポの大ラマを投獄するつもりなのだろうか。それは政府のみが知りうることだが、ありえないことではないと思われた。中国が敗北して以来、中国側についたチベット人に対して、ラマ教の宮廷の復讐は苛酷であったこともしばしばあるらしい。

その当時、トュルク(17)であるために、公には処刑しがたい大ラマを、投獄し、餓死させたと、私は聞いたことがあった。その大ラマの身の回りの世話をしていた僧侶たちと彼の寺の高僧たちは、毎日、体に釘を打たれて死んだという話だった。

同じ頃、政府の大臣でありながら、中国との戦争中に中国側に協力したチベットの貴族の一人が、ポタラ宮で野蛮な殺され方をした。話によると、彼はラサに帰還したばかりの君主の前に呼び出されて、赴くや、絹の衣服をはぎ取られて棒で瀕死になるまで打たれた。それから縄で縛られ、ラマの宮殿の門から山の麓まで続く長い階段の一つの上から突き落とされた。宮殿の下に着いたときにはまだ息があったが、その場でとどめを刺された。

この刑の執行を知らされた彼の息子は、自分を待っている運命を予見して逃亡を企てた。彼は追手に追跡され、兵士達の撃った弾に馬上で当たり死んだ。

この話には誇張があるだろうか。そうかもしれないが、確かではない。

私がラサに着いたときには、中国に対する蜂起の勝利から一二年以上も経っていたが、三人のギャロン・パ(18)（ギャロン人）の高位のラマ僧が、彼らの元の領主への忠誠を償うために、国の囚人として拘留され、逮捕されたとき以来まだ首かせを付けられているとも聞いた。

これらの先例があるので、タシラマは、ダライラマが自分を招待したいと言ったときに、それに疑念を抱いたことは充分納得できるが、より直接的に彼に関わる別の事実が更に生じた。

ラサで流布されていた噂によれば、ツァンの貴族階級に属している三、四人が、ポタラ宮の城壁の中にある上流階級の人々専用の牢獄に幽閉されているということだった。監禁されている理由は、先に述べた税金の事件に関してであった。

他にも幾つか噂話が囁かれていた。それらのどれが真実なのかを知らなくても、タシラマと彼の側近の人々が警戒心を持ったことは容易に理解されることだ。

彼に話を戻すと、私が聞いた彼の逃亡の詳細は、まるで悲劇的な小説の格好の題材となるものだった。

二年近くの間、彼の献身的な友人の一人であり、私も個人的に知っているロブザンが、巡礼を成し遂げるという口実で、国内を探検し、最も早く逃亡できる道を調べた。パンチェン・タシラマが、危険が迫っていると判断して、シガツェを急遽発った時には、ロブザンはまだ最後の調査から帰ってきていなかった。タシラマが出発した翌日に、ロブザンはシガツェに着き、追いつこうとして彼の後を急いで追った。タシラマの一行は、行く道筋で深く雪に埋もれた峠を越えようとして窮地に陥っていた。彼らが通り過ぎた後、新たに大雪が降って、その峠は完全に閉ざされてしまい、タシラマの腹心の友はこの豪雪に阻まれて、道を引き返さざるを得なくなった。

ロブザンはもはやチベットでは安全でないと感じて、インドとの国境を越えた。それは知られ、彼を逮捕する命令が各地に送られた。だが、彼は首尾よく中国行きの商船に乗船した。数時間後に、それを知らせる電報が届いたときには、彼はもう海上にいた。

タシラマに関しては、あるゾン（館）に住むポンポ（高官）が、近くを通過する旅行者の一行のなかに彼がいたと確信して、ラサに使者を急いで送り、ダライラマに通報した。

ラサではもちろんのことシガツェでも、タシラマの逃亡には誰も気付いていなかった。役人がタシルンポへ調査のために派遣され、パンチェン・リンポチェが、そこにも、その近くのどの王宮にもいないことが明らかになった。そこで、デポン(19)の率いる三〇〇人の兵士(20)がこの著名な逃亡者の追跡に送られた。

しかし、あまりにも時間を使いすぎていた。兵士たちが、それ以上には進めない中国の国境に達したとき、タシラマとその臣下たちは国境を越えて遠くに行ってしまっていた。

私はこの事件について簡潔に記したが、言うまでもなく、東洋人は事実をこのようには伝えない。私がラサに着いたとき、タシラマの逃亡は、まだ最近の事件であったが、既に伝説としての諸要素を備えていた。

ある者は、大ラマはシガツェを出発するに際して、彼自身と同じように日常生活で振る舞える、生き写しの幻身を一つ残し、彼の出発を知らない者には少しも疑われることのないように秘密裡に出発して、身の安全が確保できるや、幻身は消えてしまったと語った。

別の奇跡を語る人々もいた。それは、ラマの幻身が逃亡して、中国に姿を現したのであって、本当のパンチェン・リンポチェは常にシガツェにいて、敵にはその姿は見えないが、忠実な臣下や礼拝にやって来る信仰の厚い巡礼者には見えるのだと言うことだった。このように語る者は多かった。

私のいるテモでは、さしあたっては、パンチェン・リンポチェはシガツェから逃亡し、追跡されているという漠然とした情報しか得られなかった。

私は、ブラフマプトラ川へ向かって旅を続けながら、この奇妙な事件のことを考えていた。

突然あることを思いだした。

二年以上前、ジェクンドに滞在していたとき、カム人の吟遊詩人がリンのゲサール王の有名な叙事詩を私に歌ってくれたことがあった。このために費やした六週間に、彼は大変古くから伝承されている幾つかの予言も教えてくれた。それは、チベット人が待ち望んでいる、「北の国」に現れる好戦的な救世主の到来に関するものだった。予言の一つでは、この救世主が現れる前に、タシラマがチベットを捨てて、北方に向かうとされていた。

私は、その話を聞いたときには、とうてい信じられず、その出来事は何世紀後に起こるのかと、冗談にして尋ねた。すると、謎めいたその吟遊詩人は、確信に満ちて、予言はこの二年半以内に実現し、私が自分の目でそれを見ることになるだろうと断言した。

この最後の予言は、最初のものよりいっそう当てにならず、まったく馬鹿げていると私には思えた。しかし私は目下、チベットの中心地であるテモにいて、タシルンポの敬虔な領主が北方の荒涼とした土地に亡命を図ったと知ったばかりだ。吟遊詩人が予言を私に語った日からパンチェン・リンポチェの出発の日までには、二年と一カ月が過ぎていた。

偶然以上のものでないとしても、奇妙な符合だ。どう考えたらいいのだろう。[21] 続いて起ると予告されたことが、さらに成就されるのだろうか？　神話の国、シャンバラに一人の英雄が現れ、予言のとおりに、「無敵不屈の数多くの」兵士達を結集した巨大な軍隊を率いて、全アジアを唯一の法で統一することになるのだろうか。

それは、おそらく夢にすぎないだろうが、そう夢みている数千、数百万の人々が東洋にいる。

＊

私たちは、テモからブラフマプトラ川の砂地の岸に向かっていた。壮大な川と、それを取り囲む高い嶺々は、揺るぎもせずに過ぎた悠久の時を感じさせ、それゆえの深い静けさと確かな安らかさがその地にいきづいていた。自然ののどかさに私は心満たされた。未来に対する恐れや、心配や、危惧は心から離れ、無限の静穏のなかに消えた。

私たちは再び遍歴の旅を始めた。この地方にはなんと多くの見るもの、記すべきことがあっただろう！　この道筋の名所旧跡には、ボン教の聖地の一つであるコン・ブ・ボン・リ(22)と呼ばれる山があり、その周囲をボン教の多くの巡礼団が列を成して歩いていた。

ボン教徒は、チベットに仏教が入る以前に栄えていた宗教の信徒である。彼らの信仰はもともとシベリアのシャーマニズム(23)にかなり近いものだったようであるが、ボン教の教義が仏教要素を交えることなく存在していた時代には、チベットにはまだ恐らく文字が存在しなかったために、文献資料の研究によってこれを確かめるすべはない。

この事についてここでこれ以上詳しく記すことはできない。

数多くの巡礼が、一歩ずつ五体投地をして聖山を巡っていた。両腕を前に延ばして地面に腹這いになり、その指先の届いたところの地面に一本の線を引いて印をつけ、それからその記した線の上に立つや、また体を投げ出して再び指先が届いた地点に印をつけ、次々と数キロメートルの間、このように続ける。

残念ながら、ブラフマプトラ川の岸辺を離れなくてはならなかった。ジャムダ川を遡りながら、途中で黄金の丸屋根を頂いた小寺院、プチュンセル・キ・ラカンを訪れた。その寺院の内には黄金の祭壇があった。

谷を進むにしたがって、この地方の荒廃しているようすに気付いた。人のいなくなってしまった村々が廃墟になり、かつては開墾され耕作されていた大地に雑草や木々がぼうぼうと繁っていた。左岸沿いの道筋にかつては中国側の歩哨所があった。道筋の所々にある半壊した見張りの高い塔の周りには、農夫となった数家族が住みついていて、彼らは、大多数が、中国人の父とチベット人の母からなる家庭だった。今や、荒寥としたこの道筋には、大胆不敵な強盗が頻繁に山から下ってきていた。私は、旅のゴムチェン（隠者）と出会う前には、その山脈を横ぎろうと考えていたのだった。近辺の村々の農民は、川を渡って右岸を遡るようにと私に強く勧めた。その方が距離は少し長くなるが、少しは人が住んでいて、安全だということだった。それでも、人家は疎らだった。チェマゾンを通り過ぎた後は、ほぼ人のいない森ばかりを進んだ。

この道筋で、置き去りにされた二人の女の巡礼に出会った。私は、旅の最初にカ・カルポで会った瀕死の老人を思い出した。

私たちは、一人の巡礼を、泊めてもらえるにちがいない近くの集落に連れて行こうとして、彼女に何度もそうしてほしいと言い、僅かの金銭まで与えたが、彼女は拒否した。彼女は道沿いの木の下で火を起こし始めていた。ヨンデンはたくさんの小枝や薪を拾い集めて、彼女のそばに置いた。そして私たちは道を進み続けた。

私は、彼女がきっと私たちを呼び戻すだろうと思って、幾度も振り返ったが、何の合図もなかった。急速に深まって行く宵の闇の中で、燃え始めた薪の側にじっと動かず座っている彼女をちらりと見たのが最後だった。青がかった煙の小さな柱が彼女の前に立ち昇り、彼女は半ばそれに隠れて、まさに消えかかっている生命の象徴のように思えた。

次に出会った巡礼は、多分憐んだ農民の誰かが彼女のために作ったのだろうか、小枝で作られた小さな覆いの下で寝ていた。覆いを作った者は自分の家にこの病人を泊めるほどには哀れみの心がなかったのか、あるいはこの巡礼も、先の見捨てられた巡礼と同様に、一人で居ることと戸外の静けさを好んだのだろうか。彼女は、近くの村から毎日食事を運んで来てくれると、私に一言話した。

犬が一匹彼女の近くにいて、けなげにも番をしていた。誰かが姿を現すと、激しく吠えた。非常に小さな犬ではあったが、自分の主人に近づいて来るものを懸命に威嚇しようとしていた。この主人思いの犬にはほんとうに感心した。

ここでもまた私にできることは、僅かの金銭を渡して、我が道を行くことだった。「我が道を行くこと」、世界中の道々に横たわっている数限りない不幸な人々を慰めることも出来ずに、悲痛な思いで、毎日私たちはそうせざるを得ないのではなかろうか。

ジャムダは、チベットで主要都市と見なされているが、簡素な村である。二本の主要な街道、ラサからチャムドへ向かう大街道と、ブラフマプトラ川へ下る道の合流点に位置しているので、もっぱら商業のために、また軍事的にも利するところがあった。標高およそ三三〇〇メートルであったにもかかわらず、ジャムダの谷の気候は、むしろ温暖だった。私の持っていた温度計は一月の日中に一八度を示していた。

ラサに行く旅行者はジャムダで川を渡らねばならなかったが、橋では通行税が徴収されていた。私たちは、ずっと以前からこのことを知っており、ショワ橋と同じようだと想像して、扉のついている建物があって、通行人を調べる番人がいるだろうと恐れた。この難関を突破するための策略を考え、話し合って何時間を費やしたことだろうか。

実際は非常に異なっていた。橋は橋板だけで、建物はなく、橋の正面の路上にある小屋の中にいる一人の女が、通行税を集めていた。小屋の前の水際で、子供が二人遊んでいた。ヨンデンが通行税を払うと、子供の一人が、私たちがこの先旅を続ける許可をポンポ（高官）から貰うために、その館まで案内してくれた。

ヨンデンはこの「偉い人」の館に入り、私は、塵のまう門の前で石の上に腰を掛けていた。そこは、道がかなり狭く、人が多く行き交っていた。私に注意を払う者はいなかった。

ゾン（館）の中では、ヨンデンがチベット人の男に挨拶をしていた。役人自身だったのだろうか、秘書だったのだろうか。多分、使用人か、下級の書生だったのだろう。数分後に彼は出てきた。私たちは荷物を背負い、この恐れていた町を通り過ぎた。遠ざかりながら、私たちは顔を見合わせて苦笑し、知恵を絞って考えた込み入った計画を思いだした。一般に、困難で恐ろしいと思えたことも、いざぶつかってみると容易である。

私たちは今ラサへ直接通じる道にいた。それはチベットで唯一の郵便道(24)で、中国との国境近くのチャムドを起点として、ラサ経由でヒマラヤまで続く長い一筋の道だった。

アジアのこの古い中央街道に沿って、数マイル毎に置かれている小さな礼拝堂に似た建物が、文明の進歩を示している。それを初めて見たときには、私は、チベットに数多くある田舎の祭壇か、あるいはツァ・ツァの小屋だと思い込むという、まったくの誤解をしてしまった。さらに、それらの道路わきの小屋には、オーン・マニ・パドメー・フン・フリーなどの句が彫ってある石が置かれたものもあって、それを見て、私はいっそう確信を持った。それらの周囲の地面には、信者たちが聖なる建物の周りを巡る時に残す足跡もあった。私がこの誤解に気付いたのは、まさにこのような敬虔深い人々の一人によってであった。

一人の老人がこの礼拝堂の周りを一心に巡っているのを見たときに、私はそこにある像か絵を一目みたいと思った。驚いたことに、赤みがかった石の上には、一三五とか、あるいは他の数字が彫ってあるだけだった。珍しいものだ。ラマ教に関しての私の知識ではわからない。何に関するものだろうか。このシンボルの秘密を解きあかすには数分間が必要だった。

東洋を学ぶと、驚かされることが多い。しかし道標を礼拝することがあると知るようになるとは思ってもいなかった。

このラサ旅行の最後の部分では、見物したり、観察したり、人と興味深い対談をする機会に数多く恵まれた。だが、首都での滞在について語るために紙数をとって置かなくてはならないので、それらをここに記すことはできない。

コンブのパ峠を越えたときには、痛ましい光景を見て悲しい思いをした。東部チベットから来た巡礼団の一行が、この場所で、奇妙にも、だが不幸にもまったく起こらないことではないが、分裂して、片方の人々が強盗になった。彼らは、一方のアルジョパ（巡礼）を乱暴に襲って、貧しい衣服やあわせても一〇ルピー程にもならない金銭を奪った。数人の女性は山の奥で、旅を続けることができずに留まっていた。一人は頭に穴が開き、一人は片腕を骨折して、胸にひどい傷を負っていた。どの女も致命傷ほどの傷を負っていた。この不幸な女の巡礼たちのいるところから遠くない所に、男の遺体が二体横たわっていた。彼ら以外の男も負傷したが、旅を続けることができたと彼女たちは言った。

これがラサからほど遠くない郵便道で起きたことだ。騎馬の兵士たちなら、数日もしないうちにこの強盗を容易に逮捕できることだろうが、この不幸な国では、このような出来事にかかわろうとするものがいない。

(1)　チベットのコイン。価値は、普通、インド・ルピーの四分の一。

(2)　お互いに与えた以上の物を得ようとする、この種の交換は、チベットでは一般的な習慣である。公的であれ私的であれ、贈物を持たないで訪問することはない。だが、贈物を受け取る者は、それにみあう物を返すものとされている。そこに、その人の寛大さ、あるいは吝嗇《りんしょく》さがあらわれ、従って結果として贈物をした人の満足や不満が生ずる。このようにして自分よりも目上の人から贈られた物は、礼儀上、スラ（喜捨、施し）と呼ばれている。

(3)　字義は、「無人の土地」。人の住まない広い土地に対してチベット人が与えた名前。

(4)　寺で暮らしているラマ僧の衣服とは異なった型の服。

(5)　それぞれが異なった人間の頭蓋骨から切り取った、一〇八個の玉からなる数珠。

(6)「ごゆっくりお座り下さい」。

(7) 日常の言葉では、ビールあるいは大麦焼酎を区別無く指す。

(8) 聖職者が着る長衣に似たオーバー。

(9) 象徴的な指輪。片方は金で出来ており、ドルジで飾られていて、もう片方は銀製で、鈴がついている。これらはある階級の修行者のみが身につける。ドルジは方法と能力の、鈴は知識の象徴である。

(10) 私が外国人であると知られることを恐れたばかりでなく、別の理由にもよる。こうした場合には、チベットの神秘主義者の間では、再び会う機会を故意に作ることを決してしないきまりになっている。彼らはこの習慣のすぐれた理由をいくつか挙げている。その一つは、教えや信条や思想は本質的に特定の人に属さず、それを聞いた人が受け取ったままにあるべきものであるということである。聞いた人はその内容を、ある時にそれを聞かせてくれた人に結び付けてはならない。聞かせてくれた人は、そのすぐ後で別の理由によってまったく異なったことを言ったり、行ったりすることがあるからである。

(11) 布製の帯でその両端を縫い結んであるもの。ブッダ像がいつもとっている姿勢で足を組んで、長時間瞑想にふけったり、時には一夜を明かす僧侶が使う。この帯は腰部を支え、必要とされる不動の姿勢を保ちやすくすることがその目的だ。旅行中にはゴムタクは肩から脇に、はすかいに掛けられる。

(12) 上部に三叉が付いている杖で、パドマサンババヴァによってチベットにもたらされたと言われている。これはシヴァ派のヨガ行者の持ち物であるが、チベットの三叉はシヴァ派のものとは形が異なっている。
(13) シガツェのタシルンポ寺の大ラマ僧であり、外国人からは一般的にはタシラマと呼ばれている。チベット人たちは、パンチェン・リンポチェ、「高貴な(あるいは非常に優れた)学者」と呼んでいる。パンチェンの意味はサンスクリット語のパンディタ(学者)に対応する。
(14) 無限の光。サンスクリットではアミターバ(無量光仏)。
(15) 私は自分で調べることのできなかった事実の正確さについては、聞いたことをそのまま書き写すにとどめ、その責任は取らないことを了解されたい。
(16) ウ地方の西方にある非常に広い地方。ツァンの首都はシガツェであり、ウの首都はラサである。
(17) 字義どおりには「魔法身」。これらのラマ僧の一人を外国人が「化身ラマ」、「活仏」と誤った呼びかたをしている。
(18) 四川省の西端にある渓谷に住むチベット人部族の名前。
(19) 大佐あるいは将軍。
(20) 東洋的な誇張を考慮に入れるべきで、兵士達の数は多分五〇人を越えなかっただろう。
(21) チャン・シャンバラ(北方のシャンバラ)は、密教の奥義を修得した者にとっては、心理的、霊的諸事実に対応する象徴的虚構である。またそれを、理想の国、東洋のユートピアのようなものと考える学者もいる。あるいは、ザン・ドク・パル・リ(銅色の高貴な山)、すなわちパドマサンバヴァの居地のような楽園ともされる。私は、そこに行ったことがあると主張する人々や、もう少し謙遜して、そこに行く道を知っているとだけ言う人々と知り合った。いずれにしても、神話や象徴は別として、今日大多数のチベット人は、シャンバラをロシアにあると考えていて、シベリアをそうだと思っている。

(22) コンブのボン教徒の山。

(23) シャーマニスト・シャーマニズムに関しては、東洋学者の研究にもかかわらず、まだ多くのことが不明である。シャーマニストと言う名のもとにきわめて異なった信仰を持つ人々が入れられており、また、ラマ教の場合と同様にシャーマニズムの場合にも、外国人は在俗信者とのみ交渉を持ちえたに過ぎないからである。ラマの中に真のラマがいるように、シャーマンの中にも真のシャーマンがいる。しかし後者の方がずっと数は少ない上、孤立して生きているため、出会うことははるかに困難である。

(24) これ以外には、シガツェに至る郵便の短い分岐道があるのみである。

第九章　ラサで正月を祝う

これまで四カ月間、歩き、冒険に遭い、見聞をした。ここに書き記したのはそのごく一部にすぎない。とうとうドチェンを夜明けに出発して、ラサに向かっての旅の最後の行程を行くことになった。晴れて、寒く、乾燥して、空は光り輝いていた。向かう方向には、まだ遠くではあるが、ラマ教の法王の大宮殿が、すでに厳めしく堂々とした姿を現して、朝日に照らされていた。

「こんどこそ、勝ちました！」と私はヨンデンに言った。

「いいえ、まだなんとも言えません。喜ぶべきではありません。これから、キチュ川を渡らねばならないのです。そこで、なにが起こるかわかりません」と彼は言って、私を黙らせた。目的地のこんなに間近で、幸運に見放されることなど起こるはずがないと私は思ったが、反論はしなかった。

私たちは足を早めた。ポタラ宮は見る間に大きくなった。太陽の光を捉えて輝きを放っている、鋭角の美しい線をした数多くの黄金の屋根がくっきりと見え始めた。

進む谷は、次第に開けてきた。両側の山々は、昔は森林に覆われていたのだろうが、まったくの禿山になっていて、木といえばただあちこちの村々の数少ない広場にある木々が見られるだけだった。

首都に向かうにつれて、村々が近づいてきた。広い土地が耕されないまま放置されていることに驚いた。ラサの物価は高い。近郊で作物を作れば利益があがるだろう。なぜ農民はそうしないのだろう。この地方の地味は痩せてはいないようだった。羊の群れから得られる糞の肥料は全部、燃料として使われるか、高価に売られてしまうかして、肥料が不足してはいた。だが、そのことは、おそらく解決がつくはずだ。チベットの他の地域ではなんとかなっているのだから。農業の発展を阻む別の理由があるに違いなかった。その一つとして、かつてシガツェの近郊で聞いたことが考えられる。それは、租税が重く、農民たちの利益は殆どないに等しいので、穀物は自給する分と、生活必需品を物々交換によって得るに必要な量だけしか作らないということだった。

キチュ川に着き、一頭の動物の頭を飾りにしている渡し船に乗った。それは、たぶんこの地方の彫刻家が、馬の頭部を彫ろうとしたものだったのだろう。船には、人も動物もひしめき合って乗っていた。対岸までは数分もかからなかった。毎年、私たちのような貧しい身なりの者が大勢この川を渡るので、私たちをわざわざ注意して見るものは、誰もいなかった。

こうして私たちは、ラサの域内に到着した。だが、市街はまだ遠くだった。私は聞き取れないほど小さな声で凱歌を歌いだそうとしたが、ここでもまたヨンデンに制止された。ここまで来て、彼は何を恐れているのだろう。私たちは到着したのだ。その上、空が慈父のような暗黙の了解の合図を私たちに示してくれた。

雲南を出発したとき、「神々」は私たちの夜の逃避行を、「人々を眠らせ、犬を静まらせ」て助けてくれたが、ラサに入るときにも、それと同じように奇跡ともいえることを起こして守ってくれた。

私たちが下船するや、それまでの良い天気が急に崩れ、数分の間に激しい嵐が起こり、砂塵が空に舞い上がった。私はかつてサハラ砂漠で熱風を見たことがあった。このひどい砂嵐のなかで、大砂漠に戻ったように思えた。見分けのつかない暗い影になっている人々とすれ違った。彼らは、腰を屈めて、体を二つに折って、衣服の長い袖や裾で顔を被っていた。このような状態では、私たちがラサに入ると誰が気付くだろう。いったい誰が、私たちだと見分けられるだろうか。

空中に垂れ下がった砂塵の巨大な黄色の幕は、ポタラ宮の前まで広がって、ラサやそこに通じる道々を覆ってしまい、宮殿の住人たちの視界を遮っていた。この自然現象は、私の身の安全が完全に約束された象徴だと私は理解した。後日、こう考えたことが正しかったと証明されることになるだろう。私は二カ月間チベットのローマである聖都ラサを巡り、寺々を訪れ、ポタラ宮の最上階の平屋根の上を散策するだろう。その時、異国人は立入り禁止になっているこの街を、地球の創造以来初めて、ヨーロッパ人女性が感嘆して眺めているとは、誰も考えもしないだろう。

　毎年、新年の祭りのために、チベット全土から多くの人々が群れをなしてラサに集まって来る。旅館は何処も満員だった。寝室や泊まれる室になるところを持っているものは、誰もがそれらを貸したので、旅行者は馬小屋や中庭にも宿泊した。私も泊まるところを捜して数時間家々を尋ねてまわることもできたが、そうすれば必ずまじまじと顔を見られ、生来好奇心の塊であるチベット人からおびただしい質問をされ、それに答えなくてはならない。こうした煩わしく、また危険でもあることを私は避けた。

　嵐は、起こったときと同じように、突然に鎮まった。私たちは市場の一隅に足止めされて、何処に行くというあてもなく、少し困惑していた。その時、一人の女性が近づいて来て、私にこう言った。

「泊まるところをお探しですか、マ・ギュウ[1]（お婆さん）、遠くから来られたのでは、さぞかし、お疲れでしょう。宿を知っていますので、案内しましょう」

　私は驚きながら、お礼を口ごもって言い、微笑んだ。「雪の国」チベットには世話好きな人は多く、この見知らぬ女性の慈悲深い思いやりも特別に例外的なものではなかったが、なぜ私が「遠くから」来たとわかったのだろう。私の巡礼の杖を見て、そう考え、飢餓と過度の疲労で痩せこけた私を憐れんだにちがいなかった。それでもやはり、私はこの女性との出会いを少し不思議だと感じた。

チベット人は一般に話し好きだが、この女性は全く違っていた。私たちは黙って彼女について行った。私たちは、四ヵ月間人里離れた場所で過ごしてきたので、雑踏や騒音に驚いて呆然となっていたのかもしれなかったが、それ以上に、成功の喜びに心を奪われていたのだった。旅行中、どれほど疑い、恐怖に駆られたりしたことか。だが、もう目的地に着いたので、そういうことも終わりだ。成功を願って張りつめていた神経が急に緩んで、私たちはその時放心の態だった。

彼女は、街の外れに私たちを案内した。そこからは極めて美しい眺望が広がっていた。ポタラ宮も見えた。このことに私は大変満足した。ここまでの長い旅の間、ラサに着いたならば是非ともポタラ宮の眺められる宿に滞在したいと、願い続けていたからだった。

借りることにした住居は、半ば崩れかかったあばら屋のなかの狭い一室だった。ここは、私たちが外国人であると知れる危険の最も少ない場所だった。外国人の女性の旅行者をこんなところに探しに来ようとは、だれも考えもつかないだろうし、ここに住んでいる乞食たち

手前はラサ市街。奥は，左にチャクポリの丘に建つ医学校、中央にジョカン寺，右にマルポリの丘に建つポタラ宮。

は私が誰であるかを知るはずもなかった。

案内してくれた女の人は、ことば少なに話したあと、暇ごいをして、帰った。私たちは彼女に二度と会うことはなかった。

夜にこのあばら屋の一室で眠りにつこうとする時、私はここまで付き従ってくれたヨンデンに尋ねた。

「私たちは勝利したと、今は、言ってもよいでしょうね」

「ラ・ギャロ、デ・タムチェ・パム！（神々は勝利し、悪魔は敗退した）私たちはラサにいます」と彼は小さな歓声をあげた。彼の心からの喜びが伝わってきた。

私は幸運にもラサに到着し、計画の最

も困難な部分が達成されたが、まだ私の戦いは終わってはいなかった。ラサに着いたいまは、滞在することが問題だった。

　私がチベットの首都に到達しようと懸命になったのは、ラサに強く憧れたからではなく、むしろ旅行者に向けられた挑戦に、私が応じたからだった。だが、このようにして着いてみると、来るまでに耐えしのんだ苦労の褒美を貰いたいと私は思った。まだポタラ宮の建物の入口を外から一瞥しただけなのに、もし誰かに見とがめられて、連行され、どこかに閉じ込められ、国境まで送り返されるようなことになれば、私はそれをどんなに屈辱と感じるだろう。そんなことには、決してなってはならない。ポタラ宮の最上階に登り、近郊の聖所や大寺院を訪れ、様々な儀式に参列し、新年の全ての祭りに大いに参加したいと思った。こうしたことは、ここまでの旅で疲労困憊し、幾度か侮辱に耐えたことの報いとして当然あってよいことであり、そうしないではいられなかった。

＊

　ラサはチベット最大の都市であり首都であるが、大都会ではない。広大な谷間を流れるキチュ川の右岸に位置している。黄昏時に見事な色合いに変わる威風堂々たる険しい山脈が、その地平線には聳えている。

　しかし、ラサを取り囲んでいる景色がいかに美しくとも、チベットのような類なく荘厳な風景に恵まれた国では、それほど際立ったことではない。ポタラ宮が、ラサに全く特別の特徴を与えているのだ。

この巨大な建物は、谷の中央に奇妙にもそこだけが隆起している一連の小丘の一つの頂の上にある。(2) 詳しい説明よりも、一枚の絵を見る方がよりよく理解できる。だが、どんなに優れた写真であっても、巨大な建物を土台として、幾つかの黄金の屋根を持つ赤い宮殿が空中に建っているポタラ宮の、人を圧する威容を伝えることはできないだろう。

ポタラ山の斜面に段状に雑然とぎっしり建ち並んでいる建物の富があれば、壮麗な妖精の宮殿を建てることもできただろう。しかし、チベットの建築家たちは芸術家ではなかった。彼らは、最高の高価な資材を使って、豪華さと権力を表すのみで、美については考慮しなかった。ところが、金や銀や宝石の野蛮ともいえるこの扱い方が、チベットの宮殿や寺院に独特な特徴を与えていて、それらを取り囲んでいる荒々しい景色によく適合している。この自然と建物の調和が、力強さとなっている。

ポタラ宮の壁の装飾画の大部分は、ジョカン寺と同じく、中国人画家とその弟子たちによって描かれたものである。この大宮殿の数知れない廊下や回廊の壁画には、何千人という人物が描かれていて、神々や聖人たちの伝説の一大絵巻となっている。それらを全部読みとるには何日も、何カ月もかかることだろう。物語や、人々の動作や衣服が、才気ある筆使いで描かれていて、全体として躍動感がみなぎり、生き生きとしている。居室と居室の間に、数多くのラカン（御堂）があった。なかには大乗仏教の象徴的、神秘的なありとあらゆる像が置かれていた。

一層奥まったより薄暗い室には、チベット人が仏教を受け入れた時に、捨ててしまえなかった土着の神々や悪魔たちが祠られていた。

他にも、恐ろしい怪物が、呪文や儀式の力によって封じこめられ、常にそばに見張りが立っていて、逃げられないように番をしていたところもあった。

「怪物を封じておく呪術力をもった言葉を、定められた時に唱えなければ、逃げ去ってしまう」とチベット人たちは言っている。

その反対に、恐怖心から供物を捧げるのではない例として、幼稚ともいえるが、感動的な習慣がある。太鼓腹をした巨人イダー(3)は、針が通るほどの小さい口しか持っていず、絶えず飢餓に苦しんでいる。水に近づいて飲もうとすると、それは炎となってしまう。毎朝、この哀れなものたちの渇きをいやすために、水が供えられる。供える者が呪文を唱えるので、この水は火に変わることがない。

粗野とも詩的ともいえるこの神話や習慣は、いっさいの宗教儀式を認めない合理的な教義を持った真の仏教からはかけ離れている。ところが、チベットの知識人たちの中で、最も迷信を信じない人たちですら、これらの習慣を支持し、ラマ教は、今日あるがままの形で、チベット国とその民衆の知的水準にあっているのだと言っている。

　ポタラ宮のなかには、いくつかの豪華な個人の住居があり、屋上には中国風の館が建てられていて、それを世界のどこにもない、理想の空中庭園にしてしまうこともできただろう。だが、代々ラマ教の法王の座についてきた僧侶は一人としてそのような考えや望みを持つことはなかったらしい。

　ポタラ宮の上から、一方には、首都ラサのある広大な平野が広がっている谷間全体が、反対側には、遥か遠くに険しく高く聳える山脈が果てとなっている荒野が一望できる。この巨大な宮殿の斜面の麓には、同じように赤い宮殿と黄金の屋根を持つ真白いセラ（セラとは「あられ」という意味である）の大寺院がうずくまるように建っているのが見え、その権力はダライラマでさえも無視できない。

　この特異な旅行のあいだ、普通には惨事ともいえる不愉快きわまる事件が起こったときでさえも、いつも同時にユーモラスなことが起こった。ラサでもやはりそうだった。ポタラ宮を訪れた際にも、思いがけない事件が私を迎えることとなった。

　私は、ラマ教の法王の宮殿に向かいながら、巡礼の一団か、お参りをする者たちと一緒にそこを訪れるほうが、安全だろうと考えた。一目でチベット人だとわかる本物のチベット人かった。

と一緒にいれば、私もそう思われるだろうし、外国人だと怪しまれることもないにちがいなかった。

残念なことに途中では、ドクパ（羊飼）にも国境付近から来た人々にも出会わなかったので、仕方なく、ヨンデンと二人だけでポタラ宮に入るつもりになっていた。その時、宮殿の最初の門から少し離れたところを、白っぽい粗末な綾織りの服を着た二人の農民がぶらついているところに気付いた。

「あの二人の男を連れて行きましょう」と私はヨンデンに言った。

「どうやって話を持ちかければいいのですか。あの者たちには、ポタラ宮へ行く気はまったくないでしょう」と彼は答えた。

「ともかくやってみなさい。見るからに正直者のようだから」と私は重ねて言った。

私はヨンデンに二、三語話して、どうすべきかを教えた。

ちょうどこの時に、一本の大きな木の幹を担いだ三〇人ほどの賦役の一団がやって来た。ヨンデンはこの好機を見逃さず、自分のほうに向かって近づいてくるこの重量のある大きな物から機敏に身を避ける振りをして、二人の農民の一人に強くぶつかった。

礼儀正しく詫びたことが会話の始まりとなった。

「気がつかなかったものですから」

「なんともございません、お坊さん」とこの善人たちは恭しく言った。

「どこから来られたのですか」とヨンデンはいかにもラサ生まれの人が地方から来た人に親切そうに尋ねるように言った。

農民の一人が村の名を答えた。そして、自分たちは穀物を売りに来て、仕事を終えたが、明日村に帰る前にこの大都会で少し楽しんでいこうと思っているのだと話した。

「ポタラ宮に行くのでしょう」とヨンデンは問いかけるよりも、むしろ断言する口調で言った。

だが、こう言われた者たちは、そんなつもりはまったくないと正直に言った。彼らはもう何度もこの「崇高なる守護者[4]」の宮殿を訪れていたのだった。だから……

しかし、ヨンデンは彼らにそれ以上続けて言わせず、ポタラ宮の僧侶の一人として、この信心深いお参りによって得られる利益を彼らに威厳をもって列挙した。街をぶらぶらと歩きまわったり、酒屋で飲んだりしてもなんの利益もないが、ポタラ宮を訪れてラカン（御堂）の多くの主たちに敬意をあらわすことは賢明なことだろうと。そして口調を変えて、優しい声で、このうえなく物柔らかな態度で、そして、思いやりと、無限の好意を表している魅力ある眼差しを投げかけ、言った。

「何かの縁[5]でここに、こう集まったに違いないので、喜んで寺々を案内し、仏像の名前をお教えし、その由来を話してあげよう」

こんな幸運には滅多に恵まれるものではない。この二人の世慣れない者は驚いて、顔を輝かせ感謝の気持ちで心を一杯にして、ヨンデンについてきた。

私は、安心しきって、彼らの後から、屋外にある長い階段を登り、宮殿に入る二番目の門の前まで行った。男性優位の特権で三人の男が先にその門を通った。謙虚にも先を譲った私がまさに通ろうとした時に、一〇歳ばかりの、背の低く太った、赤ら顔に平たい鼻と大きな耳をして、身の丈の三倍はある大きすぎる僧服を着た、まるで地中の精のような少年に呼び止められた。彼は、羊の裏革の付いた帽子を取りなさいと私に乱暴に命令した。このような帽子を被ってポタラ宮に入ることは許されていなかった。

私はいくつかの心配事に気を取られていたので、帽子のことをうっかり忘れていた。フェルトの帽子かパトゥ[6]かパコル[7]を被って来るべきだった。そうしなかったために、やむなく頭に何も被らずに歩き続けねばならなくなってしまった。これは、些細なことのようだが、私には破局に思えた。私は、長くこのみすぼらしい帽子を被っていた。これは私の扮装を完璧にするために見知らぬ友たちが、私の通る道筋に置いてくれたと私は確信していた。この帽子を被ると顔に影ができて、一部分が隠れる。この帽子のおかげで、たやすく顔を見られて外国人であることを知られてしまったりすることがないと私は思っていた。

更に悪いことがあった。私は、ラサに到着するかなり前に、髪を染めるために使っていた中国の墨を使いきってしまっていた。ラサに着いた直後に、新しい墨を買っておくこともできたのだったが、私の住居の状態が、入口の木の戸が常に開いていることや、壁には穴が開いていていて、私の行動や動作を窺い知りたいと思う人にはいつでも見られるままだったので、私は髪を染め直すことができなかった。髪はもとの栗色に戻ってしまい、ヤクのたてがみで作られた黒いおさげの付け髪とは色が合わなくなっていた。カ・カルポの森で、このおさげを付けた日からかなり日が経って、少しずつ擦り切れて、量も減り、野ネズミの尻尾よりも細くなっていたが、これを額の上に巻き付けて、その上に帽子を被って半ば覆うと、まだ、牧畜をしている部族の女性の髪型に充分似ているといえるものだった。ところが、この小僧っ子が、私に帽子を取れと恐ろしい命令を下したのだった。世界中のサーカスのどんなピエロよりも、その時の私の髪型は、奇妙で滑稽であったことを、私は疑わない。その髪型でラマ教の君主の宮殿に入って、そこの番人や堂守や信心深い人々の視線に曝されようとしていたのだった。

しかし、この試練から逃れる方法はなかった。そこで、命令されたとおりに、私は帽子を取り、懐《ふところ》に入れて、ヨンデンに追いついた。彼は私を待って、そこで少し時間を潰していた。私の姿を見るや、驚いて、あんぐりと口を開き、だが「あっ」と叫ぶことだけはようやくおさえた。

「どうされたのです。誰があなたの帽子を取ったのですか」と彼は戸惑った声で言った。

「あの帽子を被ったままでは、入ることができなかったのです」と私はとっさに答えた。

「悪魔のようだ。今までこんなひどい髪型を見たことはない。皆の関心の的になってしまいます」と彼は余りの絶望に声を震わせて言った。

私自身も気が立って泣きそうだった。

幸いにも、二人の村人が全然気にかけていないようすだったので、少しは救われた気持ちになった。彼らは私を異様だとも、奇妙だとも少しも感じていないようだった。そして、ヨンデンが、神々やラマ教の聖者や往時のダライラマたちの多くの逸話を、少し苛立った調子ではあったが滔々と物語る案内に、ひたすら耳を傾けていた。他の人々も、この雄弁な話を聞こうとして前後に並び始め、暫くすると列ができた。彼らは自分たちに教えてくれる親切なラマ僧の博識に心を奪われていた。私は、廊下や、梯子状の階段や、寺の狭い門をこの人々と共に押しあいながら進んでいった。私の突飛な髪型に目を止める者はいなかった。私だけが異様だと思ったのだった。次第に平静な気持ちになってきて、このことを笑い話にしてしまえるほど落ち着いてきた。ヨンデンも最初に私を見たときの恐怖は失せてしまい、むしろ、私の様子を見るとおかしくて笑い出してしまうので、目を避けるようにしていた。

私たちは全員、中国風の宮殿が建てられているポタラ宮の最上階に登り着いた。ラサに向から旅の最後の行程を始めたとき、この建物の輝いている幾つかの屋根が遠くに見えて、私は旅の目的の達成寸前にいると思ったのだった。

続いて、様々の回廊を巡り、この王宮に入って数時間が経ち、入口の大門に向かって降り始めた。

屋外にある大階段の天辺から、私は眼下に広がるラサの見事な景色に長々と見入った。高いところから見おろすと、足下にある多くの寺々や僧院が、まるで白や赤や金で飾られた寄せ木細工のように眺められ、遠くにある砂地やキチュ川の細い青色のリボンのような流れが縁どりのようにそれを取り囲んでいた。

このような地形のところには、西洋人は見事な都市を建設するだろう。私は眼前の空間に、広い通り、建物、公園を思い描いた。しかし、この現代の都市の蜃気楼の上に、惨めでかつ豪奢な現実のラサが、徐々に否応なく浮かび出て、それを消し去ってしまった。チベットの神々が、ここには、摩天楼も精密に設計された庭も作らせないのだ。禿山に挟まれた砂地やがれ場のなかのラマ教の聖地は、光輝く空の下に、個性的な美しさと偉大さをあらわしていた。

大門にまであと一歩のところで、すれ違った一人の巡礼が、とうとう私の格好の異常さに気付いた。

「いったいどこから来たのだろう」と彼は一緒に来ている仲間たちに言った。

しかし彼はすぐに自分で答えを思いついて続けて言った。

「ラダキ[8]に違いない」

ポタラ宮を出ると、二人の農民はヨンデンに心から礼を述べ、尊敬と感謝の念を込めて彼に数枚の銅銭を布施した。

「すべてよしです。あの二人組は酒に酔いつぶれずにすんだし、彼らも私たちの役に立ってくれました」とヨンデンは私に言った。

こんな話をしながら、彼はその銅銭を片手を出している盲目の乞食に与えたので、この冒険は、更にもう一人喜んだ者を増やした。

ラサの宮殿はたぐいなく豪華であるが、主人のダライラマはそれほど好んでいるようではなく、そこで祭りが行われるときに、時折来るだけだった。日ごろは、幾本かの大通りで区切られた広大な庭園のあるノルブリンカ宮殿[9]に住んでいた。

その庭園には様々な動物が集められていた。どこかの後進国の議会のように、雄鶏だけが入れられている変わった飼育場もあって、そこで独身生活に身を捧げている雄鶏たちは三〇〇羽ほどはいただろう。

庭園のなかにはダライラマのために、数軒の館が建てられていた。そのなかの一軒は、各室が異なった様式の調度品で整えられており、それぞれ、イギリスの部屋、中国の部屋、インドの部屋と名付けられていた。チベットの習慣に従って館の屋根は平になっていて、ギャルスヌといわれる、統治と勝利の象徴である金箔の紋章の飾りがその上に載せられていた。このことが、ダライラマの臣下たちが彼の前で飽くこともなく繰り返すへつらいの冗談の、格好の材料となったのだった。

「この館の全ての部屋、イギリスや中国やインドの部屋は、チベット式の屋根とギャルスヌの下にございますので、チベット国は全世界の国々の上にあることになります。つまり、猊下が最も偉大な君主であられるということでございます」と彼らは言った。

ダライラマはこの馬鹿げた言葉に喜んで微笑んでいたといわれる。しかし、彼がこんな話をまじめに受け取っていたとは、私には思えない。彼は二度亡命している。最初に中国に、そしてインドへと。その地でチベット以外の世界に関する多くの事々を知ったはずだ。しかし君主が自分の境遇を自覚しているとしても、国民もそうだとは限らない。ダライラマとその宮廷の権威を維持するために、国民にたいしてまったく荒唐無稽な話が語られていた。

それらの中にはこんな話もあった。

ダライラマがインド旅行中、総督の客として招かれ、多くの高貴な人々とともに、広いサロンにいたときのことだ。彼がふいに両手を差し出すと、なんと奇跡が起こり、そこにいる人々は、彼の両の掌にラサの二つの山を見たのだ。片掌にはポタラ山とその宮殿、もう片方にはチャクポリ山とその上にある医学校を。このような驚異を目にした英国人たちは、総督が率先してダライラマの足元に跪き、加護の恵みを賜るようにと懇願した。イギリス国王にも、すぐにこの事件が報告された。王は、この奇跡によって自分のすぐれた臣下たちが持った恐れと崇拝の感情を自らも感じて、ダライラマに自分の王国の守護者となり戦時には援助してくれるようにと頼んだ。思いやり深く慈悲深いチベットの君主は、いつか英国が危機に面した折には援軍を送ると快く約束した、と。

これ以外にもこの種の話はあるが、ここに全てを書くと余りにも多く、紙面が足りなくなるので省略する。今日でも、多くのチベット国民は、このような作り話を根拠としたり、事実の意味することを誤解したりして、自分たちの国が、現在、大英帝国の宗主のようなものであると思い込んでいる。英国の一人の政治家がラサで短期間の滞在をしたことがあった。国民は、この英国人は、ダライラマから命令を賜り、それを、保護されている自国の王に伝えるために来たのだと信じていた。

この話は笑い話としては面白いが、この種の冗談はアジアの僻地に長年住んだ人でなければ明察し難い危険な面をふくんでいる。

過去においても近代においても政治的陰謀が渦巻いたチベットの歴史に精通していて、ことにラマ教を熟知している人にとって、ラサ滞在は、本当に興味深いことだろう。それ以外の人々はおそらくラサでは失望することになるだろう。

中国では骨董品の愛好家に格好の魅力ある場所となっている、珍品を置いている店や露天商の立ち並ぶ通りを、ラサで見つけようとしても無駄だ。現在、ラサの市場で最も多い品物は、アルミニューム製の台所用品で、二番目はインドや英国や日本やヨーロッパのどこかの国から輸入した極めて不格好な安物品である。ラサの商人が台の上に並べて売っているほど粗悪な綿織物や俗悪な陶器類を、私は他の国では見たことがない。かつては盛んに輸入された中国製品は、インド経由で入って来る商品に押され、現在はお茶と絹織物以外にはなくなってしまった。それも全く止めてしまう努力がなされている。

私は、銀貨や銀塊が大量に流通している中国からラサに着いたとき、後年フランスに帰国してから経験することを、知ることとなった。チベットのこの中央部地方には、すでに銀貨はなかった。国の貨幣であるトランカは価値の低い小さな銀貨だったが、皆無に近く、稀に出て来たときには、高値がつけられた。

中国がこの地方を占領していたときには普通に使われていた、ラサの人々がタミグマと呼んでいた五〇両の蹄型の銀貨も、昔話となってしまっていた。

ラサ政府が鋳造した粗悪な銅貨は、首都とごく限られた周辺地域のみで取引に使われていた。それ以外の地域では流通していなかった。

銀行券も印刷されていたが、骨董品でしかなく、ラサでさえも商人はそれを受け取らなかった。

金貨はノルブリンカ宮殿の近くにある建物で鋳造されていたが、流通していなかった。チベット人たちの貧しい武器庫が、この極めて小さい造幣局と隣りあって建っていた。

中国領チベットにはまだチベット銀貨が豊富に流通しているのに、チベットの中心地になくなってしまったこの不思議な現象の原因について、私は多くの人々に質問した。人々の性格や社会的階層によって、その返事は異なっていた。貨幣がどこに行ってしまったかとの私の問いに、微笑を返すだけの人もいた。

「政府が持っているのだ。貯め込んでいるのだ」と言いきる人々もいた。

「政府はインドを支配している外国人たちから購入した中古の武器の代金として、彼らに金を支払ってしまったのだ。それらの銃は装備の悪い中国人と戦うときには役立つが、ヨーロッパ人の軍隊には歯がたたないだろう」とはばからず言う大胆な人々もいた。

このような考えが、時には、チベットに固有の迷信に基づいた発想で語られることがあった。善良な人々の話では、チベットが買った銃は、ラサに送ってこられる以前に、外国人の司祭たちによってある魔法がかけられているので、外国人や外国人の兵士を殺す力はないのだということだった。

銀貨を外国人たちに与えてしまったと、民衆が噂していたのは、ラサだけではなかった。だが、少なくともラサの人々は、その交換として受け取った物が何かについて、幾分かは知っていた。その事情は、地方によって異なっていた。ダライラマの権力下に入ったカムの一地方で、続々と増加する租税を村人たちが嘆いたときに、役人たちは、それは父なる保護者であるダライラマにはまったく関係がなく、外国人がダライラマに銀を徴収するように要求しているのだと、返答した。ダライラマが何故外国人たちの言いなりになるのかについて、また銀貨の代わりに彼が受け取ったものについて、素朴な山の民である村人には何の説明もされなかった。彼らはただ、恐ろしい「白い目をした外国人たち」は、自分たちを破産させる原因だと思っていた。(10)

これは一例にすぎないが、その他様々な理由によって、白人への憎悪がアジアの僻地でその種をまかれ、育てられていた。憎悪が深くなり、他の地域にも広がれば、支持者たちからリーダーが出て、彼がチベットの人々が待ち望んでいる「正義の救世主」の役割を担うことだろう。

*

ラサでは、毎年一月の満月の夜に大変珍しい祭りが催される。非常に軽い木で作られた四、五メートルの高さの台木に、色づけされたバターの飾りものが覆うほど付けられ、同じようにバターで作られた色とりどりの神々、人、動物などの人形も付けられる。その大きな飾り付けはトルマと呼ばれ、その前毎に、バターを燃料とする燭台を幾列も並べた台が置かれる。一〇〇基ほどのこれらのトルマは、ジョカン寺を巡る巡礼道の「中央円」を成しているパルコルと呼ばれる道に建てられていた。この夜祭りは神々に捧げられる祭りであって、時には神々を楽しませるために音楽が奏される。

ラサのバターで飾られたトルマの祭りは、チベット全国や、その近隣の国々にまで名を馳せている。この祭りは非常にきらびやかにはちがいないが、私は、何度か参加したクムブム寺の豪奢な建物の内で行われた祭りの方がむしろ好きだ。

とはいえ、ラサでの新年を祝う行事の一つであるこの祭りは、私にとって極めて楽しい一夜となった。

＊

バター燭台に灯がともるや、私はヨンデンと共にパルコルに行った。そこにはすでに多くの群集が集まっていて、トルマを見に来ることになっているダライラマの行列を待っていた。私は、このような人出を幾度か見たことがあったが、それまでは何人かの召使に先導させて、私のために道をあける護衛の者たちに取り囲まれて、群集の中を横切ったのだった。今回初めて、一人で人々の中に入って、チベットの雑踏を経験した。

羊の革衣を着ている、頑健な巨漢のドクパ（羊飼）たちの幾つかのグループがやって来ていた。彼らは互いに手を繋いで鎖のようにつながって、ただこうして面白く遊ぶためだけに、最も密集している雑踏の中に飛び込んで行った。運悪く彼らの前にいた人々は、男女の別なく不意に大きなげんこつを受けることになった。鞭と長い棍棒を持っている警官隊も、ダライラマの行列の来る時が近づくにつれて、興奮して、なんの理由もなく誰という見境もなく、手にしている武器を使い始めた。私たちはこの大騒ぎの中にいて、殴りあいや押しあいから身を守りながら、しばらく愉快な時を過ごした。やっと、ダライラマの到着が告げられたとき、混乱はさらに大きくなった。警官は凶暴になり、酷く小突かれた人々は逃げ出した。トルマの反対側に建っている家々にそって、オイル・サーディンの缶詰の中の鰯以上にぎっしりと幾重にも詰め込まれた野次馬たちが残っているだけとなった。私もそこにいた。家の窓辺に座っていた男が、前に私が立っていて視界の邪魔になるので、時折私の背中をどんと突いたが、まったく無駄なことだった。私は、動きたくとも、足を動かす事すらできなかったのだった。多分それが解ったのだろう、あるいは、私が無関心を装っていたから諦めたのか、とうとう彼は、無意味なことを止めた。

駐屯部隊はすべて武装していて、歩兵隊も騎馬隊もトルマの前を行進した。ダライラマは総指令官や政府の高官を周りに従えて、黄色の金襴で覆われた中国風の椅子に座して担がれて通った。その後に続いてきた兵士たちが行進の最後を締めくくった。軍楽隊がイギリスのミュージックホールの歌を演奏し、中国の爆竹が打ち鳴らされ、ベンガル花火がつけられ、そのはかない光が瞬いて、行列を一瞬照らしたり暗くしたりした。司祭の王は通り過ぎてしまった。

このあとも、行列が次々と続いた。中国風のちょうちんを持った幾人かの下僕に先導された貴人、侍女たちにかしずかれた高貴な女性、召使僧を従えた高僧、ネパールや他の国々のマハラジャの代理人、貴族、聖職者、裕福な商人たちだった。彼らは皆きらびやかに着飾って、幸せに満ち、陽気で、少々酒に酔っていた。ヨンデンと私はトルマの飾り付けを、群集とともに一巡りして見物した。陽気で天真爛漫な群集は、まるで子供のように、走ったり、押したり、押されたり、食べたりしていた。私たちも、影響を受けてしまい、ラサでの新年を大騒ぎをして祝う楽しみを味わった。

私たちが、あばら屋に帰らねばならない時刻となったとき、満月で照らされているはずの帰り道が、不思議にも次第に薄暗くなり始めた。これはどうしたことだろう。私たちはぶどう酒も強い酒も飲んでいないので、そこにいた大部分のラサ人たちのように、視界がはっきりしなくなる理由はなかった。広場に着いて、空を見上げると、月には蔭ができていた。月蝕だった。素朴な人々は、鍋や様々の台所道具を叩き始め、月を呑み込んでしまおうとしている龍に騒音をたてて止めさせようとした。

皆既月蝕だった。私は朝まで見ていた。これほど興味ある月蝕を見たことはなかった。

ヨンデンは、「これは、ラサに到着した日の、ポタラ宮の前に垂れ下がった砂の幕より都合の良いことだ。『あなたの守護神たち』が私たちの姿を人々から隠そうとして、月の光を影らせたのですね。神々に、この辺りで止めるように、おっしゃってください。神々は、太陽を消すことさえしかねませんから」と笑って冗談を言った。

*

ラサにはいくつかの区がある。ルブ、ラモチェ、ユトック、ラサシュ、テンゲリン、ツェマリン、ツェショリン、バナジョン、パルコル、ノルブリンカである。

この都には、キチュ川の支流にかかる一本の橋と、基石の上に建てられている方尖塔がある。

中国風の形をした朱塗りのこの橋は、緑色の瓦の屋根がついていて、「トルコ石の屋根をもつ橋」という名前がいかにも似つかわしかった。実際には、この橋の名は、すぐ近くにある館の貴族の名字に由来していた。この貴族の祖先の一人が中国の皇帝から「トルコ石」勲章（チベット語ではユ・トク）[11]を受勲したので、彼の子孫たちはそのとき以来「ユ・トク殿」と呼ばれ、また彼らにちなんでその橋や周りの土地にその名が付けられたのだ。

方尖塔はパリのコンコルド広場にあるものより、かなり小さく、ヒエログリフの装飾は全くなかったが、あたりと調和して非常に立派だった。その正面には、二棟の祠の中に建てられている石碑があって、それには中国語とチベット語が彫ってあった。

方尖塔と石碑は、ポタラ宮の麓を通る大通りに沿って建っていた。

どこにでもある平凡な道に見えるこの大通りは、インドを起点として、全中央アジアを横切って、モンゴルを通過し、シベリアに至る道である。延々と続くこの長い道筋は、幾つかの高い山脈と交差しているが、乗馬の得意な人ならば、旅はそれほど難しくはない。貯えの氷を搬送することができる気温になる冬には、この道筋によって、水のない地方を横切り、殆ど一直線で、モンゴルの国境まで行くことができる。先に述べたように、夏には、旅行者たちは、青湖の東を遠回りする。何時の日か、アジア縦断の急行列車が、豪華な客車に乗った旅行者たちを快適に運んでここを通過する日が来るかもしれないが、その時にはこの旅行の魅力はほとんど失われてしまうだろう。私は、そのような時が来る前に、セイロン島から、モンゴルまで旅をしたので、ほんとうに嬉しく思っている。

チベットの首都は活気に満ちている。陽気な気質の住民たちの最大の楽しみは、戸外にいることだ。人口が少しも多くないにもかかわらず、道々は夜明けから夕暮れまで人で溢れている。夜、暗くなってからの外出は不用心だ。治安は以前にも決してそんなには良くなかったらしいのだが、国家警察ができて以来大層悪化しているとラサの人々は話していた。噂では、警官が闇に乗じて、しばしば強盗に変身するということだった。

ラサでは、市内のごく一部を除いて、幅の広い道が通っていて、幾つかの広場を横切っていた。道は比較的清潔に保たれていると言える状態だった。残念なことに、トイレは一切設置されていなかった。ほとんどの家にもなく、その代わりになる、それらしい場所が様々なところにあった。前にも書いたことだが、チベットではどんなことでも、人前でされる。しかし女性も男性も同様に長い衣服を着ていて、数人の人々が座り込んでいるのを見ても、そう言われなければ気付かれないほどに実に器用にその衣服を扱うことを心得ている。

ラサ市内には、幾つかの寺院と、タントラ儀式と呪術を教えている名高い二つの学院がある。チベットの三大寺院は、数千人もの巡礼者が訪れて来るほど名高く、若い僧たちがモンゴルや満州やシベリアといった遠い僻地からも学ぶために来るが、ラサ市内にはない。すでに名前を出したセラの大寺院はラサから四キロメートル、デプンの大寺院は六キロメートルのところにあり、ガンデンの大寺院は三〇キロメートル離れた山間の渓谷にある。それらは、まさに僧侶の町である。デプン大寺院はその敷地内に一万余の僧が住んでいる。

規模が大きく、最も権威のあるラマ教寺院であるこの三大寺院以外にも、チベット人が高く評価している寺院がある。シガツェのタシルンポ寺は、高等哲学に関しては最高であると考えられている。シガツェから徒歩で数日行くと、由緒ある古いサキャ寺があって、そこにはサキャ派の管長が住んでいる。この寺の大図書館には、多くの古いサンスクリット写本が保存されているといわれている。アムドにはラブラン・タシキル寺とクムブム寺という名高く、大きなラマ教寺院がある。チベットの北東の砂漠にあるゾッシェンヌ寺は神秘的な修行と呪術の習得の場として有名である。このような所はほかにも数多くある。

チベットのラマ教の各宗派は、国の中で小国家を成していて、国家から独立しているといってよい。一般には土地と羊の群れを持ち、何らかの商取引をしている。大きな寺は広大な領地を持っていて、小作人たちが住んでいる。彼らの身分はヨーロッパ中世の農奴に近い。

ゴンパ（寺）の僧たちは共同生活をしてはいないが、資産に関する共同体を形成して、寺院の収入を分かちあっている。彼らには、穀物、バター、茶などの現物が与えられる。収入は各寺院の資産によって異なることは言うまでもないが、また僧侶の階級によって大きく異なる。彼らには別の収入もある。寺に捧げられる供物の分け前、祭式を執り行うことで得る布施、彼らが教えている青年たちの親からの謝礼、等である。

チベットの寺院内には当然非難されるべき多くのこともあるが、学生や思索する人、知的な、あるいは精神的な生活を送りたいと望む人は誰でも、そこで素晴らしい滞在ができる。ラマ僧は、物質的な事にはまず心を煩わされることなく、最も身分の低い者でさえも、自分の小部屋で自由にチベット国の文学や哲学の文献の研究ができる。

チベットの大寺院は、その敷地内に、小路や大通りが網の目状に通っていて、広場や庭園もあり、まるで一つの町のようだ。多くの寺では、種々の学院の講堂や高僧の館は、その黄金の屋根と、とりどりの装飾を施し旗をたなびかせたバルコニーが、一般の僧侶の住居より上にそびえている。ゴンパでは、ラマ僧は各々自分の所有する住居に住んでいる。それは、自費で建てたもの、購入したもの、遺産として受け継いだりしたものだ。ラマ僧(12)は、それを自分の弟子の一人や親類の者に譲り渡すことはできるが、受け取る者は僧侶でなくてはならない。俗人は寺院内に家を持つことを許されない。

家を持てない貧しいラマ僧は、借家に住んでいるか、裕福な同僚の住居の一室を間借りしたりしている。秘書や家令の仕事、門番や掃除人の仕事など自分の能力に応じてなんらかの奉仕をして、居候をする事もできる。

ラサで最も聖なる寺はジョカン寺(13)である。この寺には、ブッダになる以前の若き日のゴータマ・シッダルタの姿だとされている、金箔で覆われた白檀の像がある。

この像はインドで作られ、紀元前一世紀に中国にもたらされ、その後、唐の太宗が、チベットのソン・チェン・ガンポ王に嫁ぐ皇女に持参品として与えたものである。この像の創作については、チベットの盲信家たちが様々に物語っている。仏師がのみをふるうこともなく、自然に形ができたと言う者もいる。何度もこの像が話したと、誰もが信じている。

この寺には、そのほかに幾百体という女神像や、故人となったラマ僧の聖者の像が数多くの部屋に置かれている。部屋には窓がなく、ランプの明かりで照らされている。

ほとんどが等身像であり、そのまわりを多数の巡礼者たちが巡っている様子は、一種異様な感じがした。遠くから見たのでは、生きた人と、僧服を纏っている木や金属でできた像との区別がしばしばつかないことがあった。チベットのほかの場所で見た像に対してのような芸術的な興味は、この寺の像には持てなかった。だが、どの像も、その視線が外界の事物ではなく「内側」に向けられているように見え、その表情の不変の静けさに心打たれずにはいられなかった。

暗紅色の長衣を着た多くの堂守が寺の中に群がっていた。宗派の歴代の僧たちが生前の姿をとって自分たちの周りを取り囲んで無言の説教をしているのに、その教えには関心を持つ様子もなく、部屋の隅々にいて、一人として祭壇にお経をあげることもせず、巡礼者たちの列に目をやって、最も金持ちな者、最も信心深い者、最も世間知らずの者は誰だろう、多くの謝礼を払うことのできる者はいないか、と見張っていた。信心深い正直者が、このような抜け目のない悪者の手に落ちると、驚嘆するような素晴らしい物や、聞かねばならない逸話、頭上にのせられる聖遺物、金や銀の多くの水差しから注がれる聖なる飲料水等々が、際限なく出てくることになる。その度に、それをしてくれる案内人の仲間たちに、当然小銭を与えなくてはならず、これとは別に最後に心付けもしなければならない。

私は裕福な身なりをしてはいなかったので、これらの悪賢い堂守たちの気を引いたのは、私がうってつけの馬鹿正直者に見えたからだろう。彼らの数人に捕まって、建物の最も人目に付かない隅々にまで案内され、おびただしい異様な物を見せられたり、突飛な奇跡の物語を聞かされた。まるで、カトリックの聖地ローマに戻って、饒舌な教会の番人たちの話を聞いているような錯覚を覚えた。

私はここでもまたラダキ（ラダックの女）と思われて、驚いた。

私は、人々が聖水を口にふくんでいた礼拝堂の周りを巡っていた。聖水は以前に充分飲んだと思って、そこを離れようとしたときに、背後から思いやりに満ちた声が聞こえた。

「さあ、ラダックから来られたこの貧しい人に聖水をあげてください。遠くからはるばると。なんと信仰の厚い方でしょう」とその声の主は言った。

このときラマ僧たちは利得を望んでいたのではなかった。彼らは、私を取り囲んで微笑んでいた。一人の僧が私の腕を取って、水を飲める場所に連れて行ってくれた。別の僧たちが、群がっている信者を押し退けて人々の真中に私の場所を取ってくれた。私は近くから宝石や貴重な飾りを鑑賞することができた。私が最も正統的な仕方でこの聖水の数滴を貰うために差しだした両手の上に、金とトルコ石をはめ込んだ飾りのついた壺が傾けられた(14)。《共にこの水を飲み、頭を湿らそう。これは私のラダキとしての洗礼だ！》と私は思った。

＊

ラサで新年を迎えようと考えたことは適切だった。時期が異なっていれば、これほど多くの珍しい祭りや、興味ある儀式をここで見ることはできなかっただろう。私は着飾った群集に混じって、昔のモンゴル風の豪華な装束を付けた貴族の騎馬行列や、鎖鎧を付けて槍や盾を持った、古い王国の軍隊の歩兵や騎兵たちを見て、かつてのチベット国に想いを馳せた。昔この国では、毎日勇敢な競馬が、宗教的あるいは世俗的なスペクタクルとして行われていた。それは、草原の牧童たちの競馬ほどではないにしても、やはり、常軌を逸した、陽気な、喜びに満ちた、愉快なものだっただろう。

この国で最高の賢者として認められている、ツォンカパの玉座にいる人を、私は幾度も見る機会に恵まれた。彼は新年の最初の一カ月間、ジョカン寺のそばにそのために設けられた天蓋の下で説教をした。彼の話を聞く者は、彼が寺の外で話すという事実からわかるように、群集ではなかった。僧侶だけが、彼の周りの石畳の上に座って説教を聞けた。彼らは目上の僧侶から指名されて来ていたのであって、特別のお勤めとしてそこにいるのだ。その時に、近くの者と喋ったり、不動の姿勢を取っていられない者、また熱心さの余り、この師の中の師の説教を聞こうとして近寄ってきた軽率な俗人は、不幸な目に会う。彼らは、この集会を見張るようにと任命されているタパ（修行僧）によって、過酷にも即刻荒縄で縛られてしまう。

チベットを代表するこの大哲学者は、細い骨ばった苦行者の顔立ちをした、貴族的で横柄な態度の、痩せた老人だった。彼は、頭上に一人のタパがささげ持って広げている黄色の錦の日傘の下を、群集や公の儀式がいかにも退屈だといわんばかりの表情をして、小幅の早足で行き過ぎた。

彼は、玉座から悲壮さも感動も込めずに話した。ヨーロッパの説教者とはまったく異なっていた。彼の態度は学者然としたものだった。大げさな身振りや、大声は出さず、超然とした口ぶりで話した。仏教の説教師はだれでもそのように説教をした。それは、彼が展開する理論に似つかわしかった。チベットの大博士が話す教義と彼の容姿と、彼を取りまいている無知な群集や粗野な顔をしたタパの警備員たちとの著しい対照は、外国人である私には非常な驚きであった。

この地で生まれ、ここで年老いた、セルチ・リンポチェ(15)は、このようなことには気付かないのだろう。

＊

ラサでは、西洋文明の受容は、軍隊のパレードに現れていた。調子外れのイギリスの民謡を演奏する軍楽隊が先頭に来て、続いて、カーキ色の制服を着て空威張りで肩を怒らせた兵士たちが、ばらばらの足並みで行進して町を横切った。兵士たちは、その当時まだ中央アジアで使われていたイギリス製の古い銃で武装していた。数門の山砲も驢馬に引かれて運ばれた。ずんぐりとした緑色の巨大なガマに似ているこの大きな道具は、彼らの宝だった。彼らはそれらを理由もなく取り出し、慎重に地面に置き、興味深げに見物している野次馬たちを前にして、練兵場のなかをあちこちと誇らしげに動かして見せびらかした。この訓練の最中に一門の大砲が爆発して数人の男が死んでしまったことがあったが、ラサの歩兵たちはこの事件の後、自分たちに残された武器に対して愛着が減るどころか、賛嘆した。(16)もっとも、この至福の国では、このような事件は、それほど深い悲しみをもたらすことはない。なにか素晴らしい前兆だと見なされることさえある。このことに関して、私がラサに滞在している間に起こったことを報告しよう。

毎年、新年の一月に、チベット政府は、国家や、国家の長であるダライラマのその年の運勢を、数種の占いによって知ることを慣例としていた。それらのお告げの一つは、次のよう

ラサ滞在中、ポタラ宮の前で。左からヨンデン、やせ細り顔を黒く塗っている筆者、チベット人の子ども。1924年3月、現地の写真家によって撮影。

な方法で行われた。三張りのテントが立てられ、それぞれのなかに、羊、雄鶏、野兎が一匹ずつ閉じこめられる。動物の首には、ダライラマによって聖別された護符がかけてある。男たちがテントに向かって発砲して、動物が一匹でも傷ついたり死んだりすると、それは国が災禍によって脅かされたり、君主の健康あるいは生命さえもが危機に瀕していることを意味する。この時には、セラやガンデンやデプンの大寺院のすべてのラマ僧が首都に呼び寄せられ、ラサでは二〇日間、この不吉な力を消すために、聖典が読まれ、様々な儀式が執り行われる。

私がラサにいた時、この占いをする男たちが、普通には一五発が習慣だったが、二〇発ほどの弾丸をテントに打ち込んだ。イギリスと中国とチベット製の銃がこの時には使われていた。弾丸は動物をかすめさえしなかった。これは最高の吉兆だった。ところが、チベット製の銃の一丁が暴発して、持っていた者が重傷を負って翌日に死んだ。この不幸は、嘆かわしいことではなく、ダライラマの吉兆をさらに高めることとなった。ダライラマの身を脅かしたかもしれない危険が、厄払いされたのだった。残忍な敵なる悪魔は、ダライラマの臣下を餌食にしたことで満足して、ダライラマにこれ以上危害を加えようとは望まなくなったので、もう恐れる必要はなくなったのだった。

＊

ラサでの滞在中に、私は街の外に何度か散歩に出かけた。立入り禁止の市街から出て、再び帰り、市街を歩き回る。このように私は大胆になっていた。しかし、ある日、私は、まず大丈夫だろうと高を括っていた私の身の安全が、脅かされるかと思うほどの恐怖を感じることになった。

私は市場にいて、露店の商品の陳列台の前で足を止めていた。一人の制服を着た警官が、すぐ側にやってきて私をしきりに見た。何故だろう。私がどの地方から来た者かを知ろうとしただけだったのだろうか、それとも、それ以上の疑問を持ったのか。私は知りようがなかったが、最悪の事態に備えるべきだった。そこで、私は、国境付近の者たちがするように、鍋を買おうとして、言葉巧みに熱心に鍋を値切って、法外な値段をつけた。その店の周りに集まって来た者たちは笑い、冗談を言い始めた。私が言葉遣いや仕草を真似た草原の牧童たちは、ラサの人々にとって何時もからかいの的となっていたのだった。

「この人は、本当にドクパ（羊飼）の女だこと」と物売りの女が、私の滑稽なまでの執着と突飛な無駄口を、半ば面白がり半ば腹を立てて、私にむかって言った。そこにいる者たちは皆、家畜と荒野の草しか知らない羊飼の女を笑った。警官は人々と同じように笑いながら去って行った。

私は鍋を買った後も、やはりまだ後をつけられているのではないかと心配だったので、しばらく市場のなかを、ぶらぶらと歩き廻らなければならなかった。そして、西洋から輸入された最も粗悪な品々の前で、それに感嘆するおめでたい無知な女を演じ続けた。とうとう、本物のドクパ（羊飼）たちの一団に出会った。私は彼らの方言を使って会話を交わし、何年か前に滞在したことのある彼らの郷里を話題にした。素朴な羊飼たちに、私が彼らの故郷から程遠くないところに住んでいると思い込ませることは、簡単だった。想像力がとりわけ豊かな彼らは、明日には、私と昔からの知人であると心から断言することは疑いもなかった。

私が心配したことは、おそらく杞憂にすぎなかったのだろう。あの警官は私の後をつけようとは考えてもいなかったようだった。

＊

チベット人と共に過ごした長い年月の間、私は様々な階層のチベット人の生活を間近に観察し、研究するという、ヨーロッパ人にとっては全く異例ともいえる機会に恵まれた。しかし、ラサ滞在中ほど、庶民の暮らしを深く知ることはなかった。

私が隠れ家にしていたあばら屋は、旅籠らしきものが集まっているところにあって、桁外れの変人の見本のような人々がいた。屋根の下に泊まっている者は、これらの賤民たちのなかの貴族である一〇人程の客たちだけだった。その他の者たちは、凍る寒さをものともせず、屋外の中庭で眠った。日常の行為はどんなことでも人前もはばからず為されて、話し合いや、考えることとすら公にされた。私はまるで小説の中で生活しているように感じた。それは、社会的下層民を描いた小説であった。しかし、この異国の下層民たちはなんと快活だったのだろう。彼らには西洋の下層民の悲惨さはまったく感じられなかった。彼らは皆垢まみれでぼろを着ていた。食べ物は粗末で、何時も足りず、次には何時食べられるかわからないことが普通だった。しかし誰もが光輝く澄みきった青い大空と、生命溢れる太陽の光の恵みを受けていた。それらは、この世の富から見放された極貧の人々の心に、歓喜の波となって押し寄せた。彼らは、誰一人として仕事に就いていず、そんなことを思いつく者もいなかった。毎日、町の中や道筋で、餌を啄む鳥のような暮らしを送っている者ばかりだった。

便利なものがなにもないので不便であること以外には、変わった隣人たちと共に暮らして、困ることはなかった。外国人ではないかと疑われる心配は全くなかった。学識あるラマ僧の母であり、個室を借りている者として、敬意のある真心で遇せられた。

この隣人たちのなかに、羽振りの良い暮らしを送ったことのある者も幾人かいた。金持ちの末息子もいた。彼は、若い時代に自分よりもかなり年上の裕福な寡婦と結婚した。彼の人生は隆盛するはずだったのだが、怠け者で、酒やばくちに身を持ち崩して、徐々に破滅への道を辿ってしまった。

彼は妻が老いると、愛人をつくった。すぐに妻は、この不実な夫に自分の財産をだまし取られ続ければ、貧窮して生涯を終えることになると気付いた。そして、彼を追い払う巧妙な方法を思いついた。

彼女は、自分と夫の近親を集めて、自分は出家をして晩年を宗教的実践に捧げるつもりだと、彼らに宣言した。そして、自分の夫は愛人に夢中になっていて、その結婚に反対はしないが、今後自分は隠遁の[17]生活を送るつもりでいるので、二人ともこの家を出ていかなくてはならないだろうと、言った。そして、夫が個人的に借りた負債は彼らが支払って、自分は夫に対する全ての義務から自由になることを受け入れてもらいたいと、付け加えて言った。事実上それは離婚だった。

彼は、これらの条件を受け入れて、結婚契約書を作成し、新しい家庭を作ろうとした。私が彼らと知り合ったとき、元恋人たちは喜びに満ちた日々を送るどころではなかった。夫の方は善人であったが、性格は非常に脆弱で、完全なアルコール中毒だった。毎日、昼過ぎから早くも意識を失って眠りこんでしまい、翌朝までそのままだった。妻も寝室の片隅に袋を並べて作った長椅子の上に倒れて、夫のそばで寝ていたことも一度ならずあった。しかし彼女は、泥酔していない時には、夫よりもよく働き、頭も良かった。彼女は利口だったので、ホメロス風の口論さえ引き起こした。夫は、自分が寝込んでいる間に、彼女が彼の昔の裕福な頃の物、調度品、布、カーペット等をくすねたと言うと、妻のほうは、夫が彼女の宝石を売り払ったことや、自分たちの収入を賭けたことを嘆いて言い返した。

彼女が強靱な肺でなければ出ないような大声で、酔って意識もなく眠り込んでいる夫を目覚めさせることに成功したときには、実に面白い会話が続いた。この会話の途中で、しばしば夫は、いつも手の届くところにおいてある一本の重い杖をつかみ、痛風を患っている足でやっとの思いで歩いて、かつての恋人をひどく殴った。彼女は、床の上に倒れ、傷ついて、誰か暇な者が仲裁に入ってくれるまで泣いていた。夫のほうは狡猾にもこの極めて狭い寝室の唯一つしかない出入口をその太った体で塞いでしまって、彼女が部屋のどこに隠れようと、その長い杖でかつては愛した妻を殴りつけようとしていたのだった。

このあばら屋は三つの部分に分けられていた。喧嘩をする夫婦が住んでいたのは入口にある部屋だった。私はこの部屋の隣りにある小さな部屋にいた。三番目の部屋は、最初の部屋とも通じていて、薄暗く、別の風変わりな家族が身を寄せていた。

彼らもまた輝かしい日々を送ったことがあった。この部屋の主婦は、いかにも良家の子女の立ち居振舞をしていた。結婚した当初には、彼女の夫はかなりの資産家であって、中国との戦争の時には、チベット軍の将校に任命された。彼の身の上話は、彼の隣人と同じだった。賭事と酒に際限なくのめり込んで、破滅したのだった。

彼は、赤貧となっても、少しも誇りを失ってはいなかった。背の高い美男で、貴族的な顔立ちをしていた。どんな種類の仕事に対しても心底からの軽蔑をあからさまにして、不当な逆境の重みを背負っている高貴な殿様然としていた。彼と話すときには、だれもが彼に軍隊の称号、西洋の軍隊ではおよそ大尉にあたる称号で呼んだ。

「大尉」は貴族的な感覚によって、卑しい仕事に就くと考えただけでも嫌悪を感じてしまい、また政府が彼に参事院のどんな地位も与えなかったので、誇り高くも乞食という独立した仕事を持ったのだった。

この隣人は、毎朝お茶を飲み終えると、革袋を肩から斜めに掛け、乞食袋を無造作に肩に載せて出かけた。杖を手にして、頭をまっすぐに立てて、悠々と、軽快に歩いた。自分の権威については自信があるので、もったいぶった態度をとったりはしないのだ。

「大尉」は日暮れ前に帰って来ることは決してなかった。夕食をどこかでとってきても、彼が受けた招待については打ち明ける必要はないと考えていた。彼には生来の才気があって人を楽しませることができ、またラサのあらゆる地域である種の名声を得てもいた。彼の洗練された物腰や、話術に気晴らしをした人々は、彼が恬淡として付随的に望むものを与えた。彼が毎日家々を巡回している目的は、あたかも貴族として同じ貴族仲間を訪問することのようだった。

このようにして彼は成功をおさめ、二個の袋をしかるべく一杯にして毎夜家に帰ってくるので、妻と二人の子供たちは、食べ物に事欠くことはけっしてなかった。

巨漢の酔っぱらいの家での諍《いさか》いは、妻のトルコ石の宝石が紛失したときにいっそう険悪になった。彼女はただちに夫が盗んだと言ってなじったが、夫の無実は証明された。盗人が見つけられた。それはこの夫婦の召使女だった。玄関脇の狭い部屋に住んでいるこの奥様は、一人の女中を雇っていたのだ。

奇妙な口論がその後に起こった。娘は盗人とされたことに対して損害賠償を主張した。自分は決してこの宝石を盗んだのではなく、それが部屋の床に転がっているのを見つけて拾って持っていただけなのだからこの侮辱は認められない、ときっぱりと言った。その言い分は明白だった。

まもなく多くの人々が集まってきてこの小さな家と中庭に溢れた。仲裁者になる者、弁護士や評議員や判事や証人になる者もいた。彼らの多くは、トルコ石の装身具も召使も今までに見たこともなく、論争中の事件に関してもまったく何も知らなかった。皆、朝早くからやって来て、そこで飲み食いをして、夜遅くまで留まっていた。私は自分の部屋にいて、戸に開いている幾つかの穴を通して、この面白い訴訟の成行きを思うまま見ることができた。特に、一日も終わる頃になって、そこにいる種々の者たちが浴びるように酒を飲んでしまった後で、彼らの頭の中にとんでもない考えが出てきたときに、言い合っている滑稽な論争を聞く事は楽しかった。

ある午後、いつになく議論が白熱した。娘と元女主人は互いに罵倒し始め、とうとう取っ組み合いを始めた。気性の激しい二人の女が人目もはばからず決闘に熱中して、引っかいたり噛んだりしあっているので、そこにいる男たちにも、二人を引き離すことができなかった。しかし数分の後、男たちはようやく娘の方を室外に追いだして、再び戻ってくることのないように、中庭を横切って、道に面している門の所まで追いかけて行って、娘を追い払った。

この家の主人は、妻が下品な行動をしたので、自分が客たちに恥をかいたと言って、この事件の責任を彼女に押しつけた。それは、アルコール中毒の彼が、突然に思いつく何の脈絡もない考えの一つに過ぎなかったが、彼はその思いつきを信じ込んでいた。彼は声高に怒鳴りながら、大きな体で戸口を塞ぎ、不幸な妻を棒で殴るおきまりの行動をとり始めた。しかし今回は、先ほどまでとっくみあいの喧嘩をして気の立っていた妻は、彼に飛びかかり夫のつけている長い耳飾りをつかみ取って、彼の耳たぶを血だらけにした。[18] 彼は反撃して妻の頭に一撃を与え、彼女は悲鳴をあげた。

「大尉」の奥さんが、彼女の住んでいる薄暗い穴蔵から走り出てきて、喧嘩をしている二人を引き離そうとしたが、このリリプシアン国（ガリヴァーの小人国）のような狭い戦場では二歩も歩めず、元々彼女に向けられたものではなかった杖で頬をひどく殴られ、長椅子がわりの袋の上に、助けてと言いながら倒れてしまった。

ヨンデンは出かけていた。私は怒り狂った夫が妻にひどい傷を与えないようにすべきだと思った。その部屋に入って行って、すっかりおびえてしまって泣き崩れているこの隣人を私の所に連れて来るつもりだった。しかし別の隊商宿から男たちが駆けつけて、戸口が通れるようになったので、彼女は逃げ出すことができた。

「早くお逃げなさい」と私は彼女に小声で言って、逃げ道を作った。彼女は私の後ろを足ばやに通った。以後私は彼女の姿を見たことはなかった。

「大尉」が夜に帰宅したとき、彼は自分の妻の頬が腫れ上がり、青いあざができたことを知った。

この時に、ランプ代わりの炭火がゆらゆらと揺れている室内で繰り広げられた、まるで芝居の一場面のような光景を再現して描写することは、私の作家としての浅薄な才能をはるかに越えている。この「大尉」は生まれながらの悲劇役者であった。彼は、復讐を叫んで、激しく、また狂ったように、仰々しく述べ立て、次には感極まって、自分の奥方の苦しみを感動的に述べ、さらには、頭をこの粗末な家の低い天井にぶつけんばかりに、長身を反らせて、自分の名誉に対する侮辱について語った。彼はこれを交互に夜中過ぎまで続けた。

この大げさな台詞の向けられた男の方は、揺れ動く不安定なソファーの上で眠りこけていて、意識は朦朧としていた。昼の間に実践している控え目な態度からは同一人物だとは想像もできない「大尉」は、隣人の放恣で下品な習慣を罵倒して、彼の一人芝居の言葉を終えた。

その翌日、「大尉」はヨンデンを一人だけこっそり呼んで話した。彼は自分の妻の青く腫れ上がった頬に対して、金銭の賠償を得るために起こそうと考えている訴訟で、証人として私に来てもらいたいと考えていると言った。

ヨンデンはその考えを諦めさせようとした。彼は侮辱を許すことが立派な行いだと教えて、金銭も与えた。「大尉」はお説教を恭しく聞き、またお金も受け取ったが、強情を張った。彼は、受けた侮辱は復讐しなければならず、それを助けるのは私の義務であると言った。

ヨンデンが私にこの話を報告した時、私はかなり困惑した。この滑稽な事件の証人となることは、とりもなおさず、多くの人々の前に呼び出されることであった。人々が、私たちのような遠くからやって来た巡礼者から、多くの聖地を巡った話を聞きたいと願っていることは間違いなく、そこで長い会話が始まるだろう。私と私の息子は、自分たちの故郷に関しても際限のない質問を次々と受けることは避けがたく、そうすれば私たちの身分が知られる危険もあった。

私たちは、二人ともこの危険な集会を逃れる手段を考えながら、黙ってお茶を飲んでいると、扉が開いた。チベットでは部屋や家に入るときに、特に庶民の間では、ノックをしたり、入って良いかどうかを尋ねることはまったくない。一人の男が入ってきた。礼儀にかなった普通の挨拶を交わした後、この男は、昨日私が逃亡を手助けした隣りの奥さんが離婚を決意して、そのために彼女が受けた暴力について私の証言を望んでいると、私たちに伝えた。

私は、この男にも、ヨンデンが試みたように、隣人の二組の夫婦については彼らが示してくれた友情の故に私は同じように好意を持っていたので、どちらにつくこともしたくないと言って説得を試みたが、彼も「大尉」と同じように我を通し、私の証言がこの事件を任されている判事によって採用されるよう、自分はあくまでも取り計らうと言い残して帰って行った。

そこで私たちは、一週間留守にすることにした。その間には、この喧嘩によって生じた大騒ぎも落ちつくだろうし、そして、私たちが帰ってきた頃には、私が演じてしまったさほど目立たない役割を人々は忘れるだろうと考えた。

この小旅行の目的地を決めることは難しくはなかった。私たちは、ラサに来る途中で、ガンデンの大寺院のすぐ近くを通ったが、そこを訪れることができなかった。その時には、国家の三大寺院のその年の定例集会が行われていて、寺の僧侶たちは皆、首都に集まっていて不在だったので、寺の門は閉まっていたのだった。(19) それらの寺を訪れて、ゲールク派の改革者であり、また創始者であるツォンカパの霊廟を拝観しようとしたのだった。

この旅でも多くの事件が起こって、平穏には過ぎなかった。ある日ヨンデンが寺の境内を散歩していると、思いがけず、私たちをかなり以前から知っているチベット人に出会った。彼は当然ヨンデンに私の消息を尋ねたので、ヨンデンは私が今も中国に滞在していること、この巡礼旅を終えるとすぐに中国に会いに行くのだと、答えた。彼はヨンデンを自分の家の食事に招待しようとしたが、ヨンデンは少し体調が悪いことを理由に、別の日に会いに行くと約束をしてこの招待を断わった。ヨンデンは、急いで私のところに戻って来た。私たちは幸いにも寺やその周りにある建物は見物してしまっていたので、急遽この場所を去った。

私たちの不在中にも、ラサのあの宿屋では人々が大量のお茶と酒を飲み続けていたが、二件の訴訟はいまだ宙に浮いたままだった。首都では、別の祭礼の期間が間もなく始まろうとしていて、仲裁人たちはこの祭りの終わるまでこの事件を放置することにした。こう決められたので、私も恐れることはなくなった。私は、この祭りの一連の行事の最後にある「セル・パン」と呼ばれている大行列が行われる日の翌日に、ラサを旅立とうと思っていたからだ。

＊

歴史は繰り返される。人間の創造的な精神の働きは、ある限られた範囲を出ない。数世紀を隔て、遠く離れた国々において、お互いに噂に聞いたこともない国民が、同じような習慣や宗教や儀式をつくりだしている。それらが模倣であると考えることはできない。私はラサでも、このことの証明となる一つの新しい例を収集することとなった。

ヘブライ人たちと同様に、チベット人も、毎年儀式を執り行ったのちに、贖罪の山羊を町の外に追放する。ところが、チベットの贖罪の山羊と、聖書に語られているものとは、その担っている役割のみが共通なのである。チベットでは、それは動物ではなく、その果たす役割を自覚している人間なのだ。

チベット人は、呪術に精通したラマ僧には霊力があって、国民の全ての霊的な汚れ、全ての道徳や宗教に反する行いの罪を、この犠牲者の頭上に移すことができると信じている。これらの悪は、神々の怒りに触れて、不作や、流行病や、その他の災いを引き起こす原因となるのである。

かくして、毎年、リュコン・キ・ギャルポ[20]と呼ばれる一人の男が、特別の儀式によって、君主とその臣下の全ての罪を呪咀とともにその身に負わされて、サムエの荒野に追い払われる。

国全体の罪と、さらに恐ろしい悪魔の激昂という重荷を背負わなければならないこの危険な仕事は、普通には、この仕事から得られる相当の利益を目当てにする貧乏人が引き受けた。

このように自ら犠牲になろうとする者たちは、悪魔の存在そのものや、悪魔の餌食になる危険について、かなり疑っていることはありえたが、チベットの庶民が、いかに懐疑的な考えに染まった信仰の薄い者にせよ、それをまったく信じないことはありえない[21]。贖罪の山羊たちは、自分たちに忌まわしい重荷を背負わせたラマ僧よりも、さらに呪術に熟練したラマ僧に高額の謝礼を払って、その力でその重荷から解放され、また悪霊の攻撃を逃れることが出来るようにと願う。

しかし、リュコン・キ・ギャルポが、自らの身を守るために執り行われた儀式が有効であると完全に信じきることは、彼を恐ろしい神々に捧げた者たちの力に疑念を持つことと同じくらいに、難しかっただろう。このようにして、自己暗示にかかってしまった哀れな贖罪の山羊たちは、自分たちの同国人が犯し、それを彼らに押し付けた、罪の結果としての恐ろしい危険をしばしば証明することとなった。この仕事は、数年間続けることが許されていて、三年続けた後には名誉ある称号を受け、政府の年金を受けることができた。だが、これは非常に稀なことだった。噂では、この奇妙な役割を演じた者たちのほとんどは、ある者は突然に確たる原因もなく、またある者は風変りな状況や奇病を患って、早死するらしかった。

ある一人の元贖罪の山羊はラサに滞在中に、彼の後任者が町から追い払われる日のまさに前日に死んだ。

呪術儀式に先立つ二週間、リュコン・キ・ギャルポは自分が果たす仕事の目印となる黒ヤクの尾を手にして、ラサ市民の家々をまわって喜捨を仰ぐことが許されている。それは施しではなく、政府が正式に認めている税金なのである。人々は彼に、お金か物品を差し出さなくてはならない。この強制的な喜捨の額は、人々の財産、商売の規模の大きさ、地位の高さによって決まる。喜捨する者はこのようにして贖罪の山羊と関係を作る。自分に不幸をもたらす原因が、喜捨によって運び出され、代わって危険を担ってくれる者に引き渡されるのである。

誰かが、喜捨をためらったり、値切ったり、拒む素振りを見せたときには、未来の身代わりの王は、この頑固者の頭上にヤクの尾を振る。盲信家のチベット人の話では、この仕草には最も恐ろしい結果が引き起こされる呪いが含まれているという。そこで、彼らは普通厭な顔もせず進んで喜捨をする。余りにも過大な要求をされたときにさえ、ためらいがちに断わろうと試みるのみである。

私は勿論、街の中をあちこちと散歩してまわり、喜捨を集めているリュコン・キ・ギャルポを少し離れたところから観察することを怠らなかった。チベット風の美しい服で盛装した彼は、もし自分の仕事を示すヤクの尾を手にしていなかったならば、リュコン・キ・ギャルポだとは解らなかっただろう。彼は市場を歩き回り、店々の前で足を止めた。誰もが気前良く喜捨したに違いなかった。大きなヤクの尾の毛が誰かの頭上で振り回されるのを見る機会はなかった。しかし一度だけ口論が起こった。私は遠くにいたので、言っていることは聞こえなかったが、話の内容は疑いもなく喜捨に関することだった。明日の犠牲の山羊はこらえきれなくなって、彼の奇妙な目印を捧げ持った手を半ば挙げていたが、さっそく何人かの人が仲裁に入って、人々の笑い声が聞こえたところをみると、すべて丸くおさまったに違いなかった。

このようにして、リュコン・キ・ギャルポはかなりの利益を手にする。その上、群集に罵られ、野次られて町を出る時には、小銭や様々の物品が彼に投げつけられた。それは、思い返しては心を痛める悪行や、苦しんでいる病気、あるいはその他のあらゆる不幸を、彼に肩代りさせたいという特別な思いや、願いを持つ人々が、自らそうするのだった。彼は、それら全てをその原因である悪魔も背負って遠くに運び去るのである。これらの最後の贈物は、そのためにつき従っている犠牲の山羊の親族によって丁寧に拾い集められた。

リュコン・キ・ギャルポは、私の宿にもやって来るだろうかと思ったが、ここは乞食が住んでいて、彼がわざわざ足を運んで来ても数枚の銅貨しか収得がなく、来る価値がないと考えたに違いなかった。私たちは見向きもされなかった。しかし運良くも、ある小道の曲がり角で私は彼に出会った。この風変わりな人物は広げた片手を私の方に差しだした。私は、いたずら心を持って、彼が王杖の代わりに手にしている大きな尾が振り回されるのを見たいと考えて、こう言った。

「私は巡礼です。遠くからやって来たので、お金はありません」

彼は私をきっと見て一言言った。

「おくれ」

「一銭も持っていないのです」と私は繰り返した。

彼は、私が市場で見たとおりに片腕をゆっくりと持ち上げた。私はこの奇妙な呪咀をかけられて楽しんでみることもできたのだが、その時通りかかった立派な身なりの二人の女性が、こう叫んで彼にその行為をやめさせた。

「私たちがこの人の代わりに喜捨しましょう」

リュコン・キ・ギャルポの手に数枚の小銭がのせられ、彼は先に行ってしまった。

「おばさん、あなたに起こることを知らなかったのですか」とこの寛大な二人の婦人の一人が、私に言った。

「あの尾がおばさんの頭の上に掲げられていたら、もうお国には二度と帰れなくなるところだったのですよ」(22)

儀式の日が来た。

群集は、贖罪の山羊が出発するジョカン寺の周囲に初めからぎっしり集まっていた。なぜそこがそれほどまで込み合っていたのだろう。大部分の野次馬たちは、寺にダライラマが到着し、「見世物」が始まる前に、追い払われる場所を昨年の経験から知っていたにちがいなかった。

そこには、チベットの各部族の女たちがやって来ていて、チベットの全部族の女性たちの衣装の見本を見ることができるほどだった。それぞれの女性の出身地は、結っている髪型で知ることができた。なかでも、目をひいたのは、ウ地方の女性たちの、珊瑚の玉や孔雀石を散りばめた赤い布を付けた、パトゥと呼ばれる髪型や、ツァン地方の女性たちの、二〇から四〇センチメートルの二本の角のように高く結い上げられた髪に、ガラス製の真珠や裕福な者は繊細な本物の真珠を細い紐状につないだものを巻きつけて、二本の角を一つにしているパコルと呼ばれる髪型だった。

それよりも更に遠くの名も知れぬ地方からやってきた人々やドクパ（羊飼）たちは、様々な帽子を得意げに被っていた。まるで人形が被るような小さい丸い帽子、ピエロのような先の尖った帽子、中世のベギン会修道女の被っていたようなあごひも付きの帽子、競輪の選手のような縁無し帽、などなど。

男たちも、女に負けじと着飾っていた。腕輪のように大きな環を右耳に掛けている者や、肩に触れるほどの長い耳飾りをぶら下げている者もいた。彼らのいかつい指には大きな指輪が幾つもはめられていた。とりどりの装飾品が、ぴかぴか光る錦の飾りの付いている帽子に縫いつけられたり、首から下げられたりしていた。それらの様々の装身具は、つけている太った無骨な男たちの体の上でひどく揺れているらしく、きらきら光って、鳴っていた。

群集がどよめいて、笑い声が一段と高まった。怒鳴り声も混じって聞こえてきたので、人々が喜んでいるだけでないことがわかった。長い若木の幹の棍棒を手にした五、六人の男たちが現れた。人々は急いで逃げ去ったが、色も鮮やかな優雅な衣装の群集の中にすばやく逃げ込んでしまえずに残っていた者たちは皆、棍棒で容赦なく殴られていた。美しい貴夫人、ぼろを着た貧しい女、足の弱い老女、腕白ども、尊大ぶった商人、宗派の聖なる服を着た僧

パトゥと呼ばれる髪型をしたラサ（ウ地方）の貴族の若い女性。

パコルと呼ばれる髪型をしたツァン地方の王女。

侶たち、誰という見境もなく、棍棒で追い払われた。但し外国人だけは例外だった。ネパールやインドの商人たちは堂々と威厳を持って引き上げた。バターの「トルマ」のお祭りの夜に、私が見たことと同じ光景が、ここでも繰り返された。

人々は、少し離れたところに再び集まって、その場所でも同じようにして追い払われた。こうしたことが、幾度も繰り返されていた。この単調さは、別の警備隊がやってきて、破られた。警備隊は、先ずは、下級の者たちが来た。鞭を武器にした、ドプドプたちだ。僧ではあるが、想像を絶する垢まみれの衣服を纏って、余りに不潔にしているので肌が真っ黒だった(23)。それに続いて、銀襴の上着を羽織り、暗紅色の綾織りのウール地の首まで覆う豪華な衣装を着た、威厳のある男が現れた(24)。彼は、重く長い生木の中央を片手で持って平衡を保ち、できる限り早く歩こうとしていた。時々、それを両手に持って垂直にして、地面に押し立てた。これが合図となって、彼の部下たちが前より熱心に鞭を使った。この生木の幹を持っている者の実演は、幸いなことに精神的なものでしかなく、持っている木を見せるためだけだった。この武器は重くて、持っている者がいかに逞しくても振り回すことはできなかった。もし彼にそれができたならば、雄牛が一撃のもとに打ち倒されただろう。

先ほどわきに追い払われた群集は、さらに数時間待たされた。彼らはお互いに押しあいながら、数メートル前進するや、僧の鞭と、道を開けておく役目についている警官の棍棒によっておし返された。

この時、「偉大なる生木の幹を持つ者」が動いた。その動作は、ダライラマの来ることを告げていた。人々は脱帽した。太陽がじりじりと照りつけた。ダライラマは姿を現さなかった。彼らは次々と帽子を被りなおした。再び告げられ、皆が脱帽した。

チベットの君主の行列がやっとあらわれた。数人の兵士達が、緑がかったカーキ色の制服を着て、短銃を肩から斜めに掛け、非常に礼儀正しい様子で先導してきた。続いて、軍の指令官である将軍が、兵士たちと同色の制服を着て馬に乗って来た。彼は、ダライラマが馬で出かける時は常にこの任務についていた。

将軍の後は、宮廷の高官である二人の高僧だった。彼らは、暗紅色の綾織りの布や、黄色の錦糸で織った繻子や、金の錦で作った豪華な僧衣をまとい、モンゴル風の毛皮や繻子の丸い帽子を被っていた。その後に、ラマ教の法王が麗々しく着飾って、美しい馬具で飾られた見事な黒の驢馬に乗って姿を現した。さらに一人のラマ僧が続き、その後五、六人の兵士たちが来て、行進は終わった。

行列は過ぎ去ってしまい、自由になった群集が道々に溢れた。

ジョカン寺では、今や、贖罪の山羊の出発に先立つ儀式が行われようとしていた。

リュコン・キ・ギャルポは喜捨を集めていた時のしゃれた衣服ではなく、山羊の革で出来たカーニヴァルのような異様な衣装を身にまとって、そこにいた。その奇怪さは、聖書に描かれている贖罪山羊を思い起こさせた。顔が白と黒に二等分された仮装の醜い仮面を被らされ、自分の顔は隠されて、髪はばさばさに高く結い上げられたうえに、ヤクの大きな尾で作られた黒い被りものがかぶせられていた。手には以前からと同じように、ヤクの尾を持っていた。

さて、彼は一人のラマ僧とサイコロ勝負を一回しなくてはならない。このラマ僧は、善、宗教、守護神の象徴である。つまり、善良なチベット人たちが自分たちの幸福のために望ましく、好ましいと考えうる限りのすべてのものをあらわしている。リュコン・キ・ギャルポが負けると、ラマ僧が彼を追い払う力を持つ。反対に彼が勝つと、このあらゆる悪の代理人を、その場所から追い払うことができない。勿論、彼は負ける。それは、サイコロに細工がしてあるか、あるいは何度か勝負をして、必ず勝利が彼に背を向けることになっているからだ。そして祭式を執り行っているラマ僧たちは、かつての偉大なる予言者アーロンの如くに、全国民の罪、過失、汚れた行い、心身の病を、「呪いの文句とともにこの贖罪の山羊の頭上に置き」、彼をサムエの荒野に追い払う。

贖罪の山羊は、呪いを聞かされた結果、酒に酔ったようになり、半ば錯乱して、意識を失って逃げ出すのだと人々は噂していた。彼は、この役割を今回初めて果たすのでなくとも、また何度か呪いの文句を浴びせかけられて聞いたことがあったとしても、それによって少しは動揺しただろうが、私はこの国に長年滞在して知っているので、彼が勇気を奮い起こすようにと大量に飲むにちがいない酒が、彼が興奮する直接的な原因であると想像している。

さて、彼は、早足で、走るように去った。彼の沢山の荷物を運ぶ者たちが、彼の前後を、おもいおもいに慌ててついて行った。群集も彼らに追いつこうとして、一層混乱が増した。大きな音を立てて悪魔を怯えさせ、家の外に追い払う日にするように、四方から、大きな叫び声や口笛が起こった。しかし誰もが笑っていた。この祭りは、清めの儀式の荘厳さよりは、むしろカーニヴァルの陽気さがその特徴であった。

逃げ去る者たちの輪は、黄金に輝く立ちこめたほこりの中に慌ただしく消えてしまった。雲ひとつない青い大空から、太陽は相変わらず微笑んで人間どもの愚かさを少しからかっているようであった。人々は地面に座ったり、ゆっくりと歩き回ったりしながら、お喋りを始めた。砂糖菓子やドライフルーツや油で揚げたパンを売っている商人たちが、それらの美味しいお菓子を配った。スペクタクルの第一幕は終わった。

リュコン・キ・ギャルポは遠く去った。悪魔や、説明し難く曖昧であって、またそうであることによって一層恐れられている神秘的なことも、ラサの人々に災いをなすすべてのことが、彼とともに去った。しかし、有益であって、この上もなく願わしいことが、勢いに乗って彼について行ってしまうようなことが、起こらなかっただろうか。そうだ、ありえなくはないだろう、もしかしたら……。急ごう、それを取ってこなくてはならない。

それらを取り返す者たちが、今進んできた。ラサのタントラ[25]の二つの派、ギュ・トゥパとギュ・メーパ[26]のラマ僧たちによる長い行列だった。その後に続いて、大きな複雑な作り物の幾基かのトルマが運ばれてきた。それらには、小さな棒、細紐、紙、様々な形をした菓子の型で抜かれた大麦粉の練物や、とりどりの色の施されたおびただしい数の三角形のバターが飾り付けられていた。

ギュ・トゥパの行列に続く二番目の行列は、鎖鎧と兜で身を固め、盾や槍や様々な型の古い火器を持った古の戦士たちだった。その後には、顔を悪魔のような仮面で覆い、神秘的な踊りを踊る者たちが続いた。彼らを悪魔と思っては間違いだ。恐ろしい姿をした恵み深い神々で、人間に害をなそうとする悪霊と戦って打ち負かすのだ。その後には、一体の神が続いた。何枚かのスカーフで全体が覆われていて、神の姿はまったく見えず、そのまわりに、小旗、旗、弓、多くの矢の入ったえびら、剣等がぎっしりと置かれていた。そもそも、神像は身体がないこともしばしばだった。神には、いつも人形《ひとがた》が不可欠なわけではなかった。一本の木にその神の衣装を着せて、その周りに、神の力を表す品々を置いて、実際には見えないが、そこに神がいると見なされる事もあった。見物の群集は、前世紀の中国の美しい衣装を付けた巨大な一体の天人像が、威厳があるというよりも陽気な様子で左右に揺れているのを見て、神を見るかわりにしているのだ。

最後は、「ヒーローとヒロイン（パオとパモ）」である一組の少年と少女が通った。しばらくの間、なにも通らなかった。次に、今までの行列よりも少人数ではあるが、見るからに位の高さを表している行列が来た。その行列の中心には、ラサの人々によってセル・チ・リンポチェと呼ばれている、不世出の哲学博士ガンデン・チパが姿を現した。

仮装行列のただ中にこの博士がいるとは、なんということだろう。チベットの民衆は聡明であって、自分たちの程度にあった宗教を要求すると、この国の多くの学者から繰り返し聞いていたが、これはおそらくそれ故にちがいない。

この行列が行われた場所からさほど離れてはいない市外では、様々な位階のすべての行者たちが集まって、必要な悪魔祓い[27]を行っていた。恐ろしげな神々が、手に手に長いナイフと血液の一杯入った頭骸骨を持ち、威嚇するというよりもむしろ優雅な動きでゆっくりと廻っている円のなかで、行者たちはトルマを燃やした。

ヤン[28]が贖罪の山羊の後を追って逃れてしまった時には、このようにしてラサに呼び戻される。

儀式が終わると、ラマ僧や兵士や神々は列を離れて入り乱れて歩き始めた。哲学博士だけが、ある種の威厳ある歩きぶりを保っていた。しかし彼も歩調を早めたところをみると、急いで家に戻ろうとしたのだろう。

ダライラマも、今は「偉大なる生木の幹を持つ者」や「鞭撻役の僧」を従えることなく、一般市民と同じように、彼自身の都を横切って宮殿に帰ろうとしていた。馬に乗って、両側に付き従う二人のラマ僧と親しく話をしていた。ほほえましい打ち解けた様子が彼の随員たちの列にも見られた。先頭に立って整然と行進していた兵士たちは、自分たちの君主がずっと遅れて後にいること、また一番最後を行進していた仲間たちが、列をなして進む事をやめて、通りがかりの友達に挨拶をして遅れていることに、不意に気付くこととなった。

人々の魂がかくも完全に清められ、無限の繁栄が約束された町には、喜びがあるのみだ。その夜のラサがそうだった。元気な市民は皆、通りに出ていた。かなりの数の病人も活発ではなくともできる限り出歩き、お喋りをし、笑い、彼らの同国人の最も元気な者と同じように陽気に酒を飲んでいた。誰でもが幸福であるようだった。貧者、病人、金持ち、高貴な人、皆同じように満面に笑みを浮かべ喜んでいるようだった。

私は数人の知人と出会った。私の出身地に疑いをいだかない幾人かの人と知己になっていたのだ。否応なく私はレストランにまで足を伸ばすこととなり、この国の多くの料理を美味しそうに食べるという、その場にふさわしい態度をとらなければならなくなった。私は、正直言って、喜んでその試練を受けた。チベットの美味しい夕食は、軽んずるべきものではない。

市民の誰もが祭りのご馳走を食べている時に、リュコン・キ・ギャルポはキチュ川の岸辺に到着していた。

そこでは船頭が待ちうけていて、彼は同行の兄弟たちや荷物とともに対岸に渡った。対岸に着くと、贖罪の山羊としての彼の最初の役目は終わった。彼は山羊の革の古着を脱ぎ捨て、仮面や乱れ髪のかつらを取った。普通の衣装に着替えると、彼はもはや先ほどの道化師ではなかった。村人たちに課せられた仕事として、数頭の馬がそこに用意されていた。荷物が積まれ、人々も馬に乗り、そしてサムエ寺(29)に向かって進路がとられた。

リュコン・キ・ギャルポは、その寺のウ・カンに閉じ込められて七日間留まらなければならないと規則に定められていた。かつてはそうされたこともあったが、今はそれは廃れてしまっている。この現代的な贖罪の山羊は、サムエに着くと、身につけていた山羊の革衣と仮面とヤクの尾を、ウ・カンの門の近くの一本の柱にぶら下げただけだった。それから彼は僧侶の集まりに一度食事を饗した。以後、全ての義務から免れて、馬に再び乗って、近くのツィタンという村に平然と出発し、その村でその地方で織られた毛織物や上質の織物の生地を、この役目で得た収益で買った。彼は前もって商品を選んだり値段の交渉にあたる者をそこに

派遣しておくことができたので、取引は早々に終えることができた。自分でそれらを運ぶ必要はなく、無料で人を働かす事ができ、必要とするだけ馬を調達することができた。買物が終わると、彼は追放されてから七日目に荷物を持ってラサに帰り着いた。それらの品物をゆっくりと売りさばき、その結果として、彼はこの仕事で得た収益の総額のおよそ二倍を得ることになるだろう。

こうしてチベットの贖罪の山羊の冒険は、彼が商いをするという月並みな終わりとなった。

私がラサに滞在していた年は、星占いでは、ダライラマの厄年にあたっていた。何重にも安全が図られ、チベットの僧侶の君主であるダライラマの罪は重くて、一人の肩代わりする者が必要なほどであると、謙虚にも考えて、そのための特別の贖罪の山羊が確保されたのだった。そこで、公の贖罪の山羊は例年の通りサム

ポタラ宮の前を行く新年祭のセルパンの行列と見物の大群衆。

エの砂漠に追い払われた。その年の特別のリュコン・キ・ギャルポは、北に向かって歩き、モンゴルへの道筋にある最初の峠にまで到達したが、人々は殆ど関心を持たなかった。

＊

その翌日、私は多数の見物人たちと一緒にポタラ宮の建っている岩ばかりの丘の懸崖の上にのってセルパンと呼ばれている大行列が行くのを眺めた。これほどまでに美しい光景を見ることは、この長い旅でも初めてのことだった。大行列には、豪華な僧服を身にまとったり、中国やモンゴルやチベットのいにしえの装束を思い起こさせる奇抜な盛装をした数千人の人々がいた。彼らは幾百もの幡や軍旗や、赤や黄色の錦でできていて、文字やしるしの刺繡のほどこされた日傘を手に手に持っていた。権威ある高僧たちが、香を捧げている僧や扇であおいでいる僧を従えて、天蓋を差しかけられて歩いていた。時折、キラキラと色の変わる蛇の形のこの行列が止まると、少年たちが踊った。太鼓を背負った男たちが隊形変換の太鼓を打ち鳴らし、その後に続いて来た軍楽隊が、楽器を叩いて調子を取った。ダライラマの数頭の象も行列を作っていた。象のまわりを取りまいているいくつかの中国の空想上の動物の紙の作り物が、あらゆる形にくねくねと動いた。最後に、土地の神々が、甲冑を着た兵士や従者たちを従えて行進してきた。

この大行列は様々な曲の響きとともに進んだ。曲は厳粛であったり、荘厳であったりした。チベットの大きなトランペットは低くごうごうと轟き、モンゴルのオーケストラが奏でたときには、その曲は魅惑的な繊細な爽やかさで大気を満たした。

巨大なポタラ宮の斜面には、大行列を見物する大勢のラマ僧がところ狭しと集まってきていた。このポタラ宮と、尖った頂を持つチャクポリ山は、この夢幻のような場景の両側にそびえ立ち、それをいっそう素晴らしいものにしていた。

私が座っていた場所からは、セルパンや、晴れ着を身にまとったチベット人たちの色彩豊かな雑踏が見おろせ、その先には、平野の中に広がっているラサが眺められた。寺々の黄金の屋根は煌めいて短い光を放ち、まるで、蒼穹遥か高くに輝くダライラマの宮殿の丸屋根に呼応しているようだった。中央アジアのまばゆい太陽が、一帯を照らし、強烈な鮮やかな色合いを与え、遠く地平線には、白い山々を輝かせていた。それらすべて、光に溢れて、細かく震え、炎に変わりそうだった……。この光景を忘れることはできない。今まで耐えてきた私の労苦は、これを見ることで報われた。

（1）「老母」という意味の、礼儀正しく愛情をこめた呼び掛けの言葉。中国で使われる「年配の女性」という言葉に少し似るが、そのような堅苦しさはなく、庶民の女性に対してのみ用いられる。

（2）二番目の頂には、医学研究所がある。

（3）サンスクリット本ではプレータ（餓鬼）と言われる。

（4）ラサの大ラマをダライラマと呼ぶのは、外国人だけである。ダライラマとは、モンゴルの皇帝が彼に与えた称号であって、「大海ラマ」という意味である。東洋の語法で、ラマ閣下を意味する。チベット人たちは彼らの君主を、ゲワ・リンポチェ（崇高なる征服者）、あるいはギャムグン・リンポチェ（崇高なる守護者）、あるいはラサを首都とするウ（中央）地方に言及してギャムグン・ブ（中央の守護者）と呼んでいる。宮殿の召使たちは、親しみを込めて、ただ「ブ」と呼んでいるが、宮廷の廷臣たちの前では、この言い方を慎んでいる。そう呼んだりすれば、彼らは酷い目に合わされることになるからだ。

（5）チベット語では、「前世の原因の結果」（因縁）と言われる。仏教教義の厳密な決定論から借りた語彙。どんなに信仰心の薄い仏教徒であっても、チベット人はこの点について厳密に伝統的な考え方に従っている。

(6) ラサの女たちの被る冠。

(7) ツァンの女たちの三角形のまげ。

(8) チベット東部、ラダックの女。

(9) 宝石の、つまり宝石の如く美しく見事な、島あるいは場所という意味。

(10) 「白眼」、チベット語でミ・カルは、外国人の侮蔑的な呼び名である。チベット人は、大多数がブルーや灰色の瞳をしているヨーロッパ人のことを白い眼をしているとみなして、全く醜いと思っている。

(11) 言葉の遊びがある。Thogは屋根を意味し、Togは中国の旧体制の高級官吏のボタンを意味する。この二語の発音は少し異なる。ユは「トルコ石」という意味である。

(12) ラマという語について先に説明したことを思い起こしていただきたい。本来は高い地位にある僧のみに許される尊称である。それ以外の者はすべてタパ(学生、弟子)と呼ばれる。しかし一般には、宗教界に属する全ての人々に対する尊称として使われている。

(13) ジョカンとは「主の家」の意味。

(14) 聖水を受ける仕方については、第一巻第四章一九七頁参照。

(15) 「尊い黄金の玉座」という意味。彼の権威の比喩。ラサでは一般にこの名で呼ばれる。正式にはガンデン・チ・パ(ガンデンの玉座にある人)と称せられる。ガンデンは「ツォンカパの玉座」を指す。ツォンカパはゲールク派(徳のある規則や習慣を持っている人たち)の創始者であって、その一派は「黄帽派」という名で知られる。ガンデンの大寺院はツォンカパによって建立された。彼はそこに住し、埋葬されている。
(16)　私のラサ滞在中に、チベットの武装が進んだことは確かだ。私のチベット滞在の最後の頃には、商人たちはインドから弾薬や銃を運んで来ていた。
(17)　チベットでは一妻多夫も一夫多妻もいずれも法律で認められている。離婚も同様である。
(18)　チベット人は、片方の耳に長い耳飾りをつけ、もう片方にはボタンをつけている。
(19)　前章において話したムラムの大祭（大祈願祭）のことである。
(20)　リュはあがない、贖罪という意味。人間や動物の生命をあがなうために与えられたお金、神や悪魔に許されるために彼らに贈った捧げものを意味する。リュコン・キ・ギャルポ「あがないの王」は、罪人や病人に代わって、神々の罰や悪魔の災いが彼に下されるように、犠牲として捧げられるのである。
(21)　このようなことを迷信とする者は、学識あるラマ僧や、とりわけゴムチェンと呼ばれている隠者の中にいるのみである。だが彼らはその事実を隠していて、仲間うちか、弟子の中で最も優れた者たちにしか本当のことを言わない。
(22)　「国」はここでは、部族や地方としての故郷を意味する。それはチベット人にとって最も重要なものである。この女たちは私がチベット人であることは疑っていなかったが、私の衣服がラサの人々のものとは違っていたので、ラサの人とは思わなかったのだ。
(23)　彼らは、自分の姿の恐ろしさを増すために、わざと不潔にしている。
(24)　これは高僧が、祭礼を行うときではなく、たとえば知事のような役職に一時的に就いているときの衣装である。新年の祭りの期間中、ラサの一般の役人たちは彼らの職権を失い、デプン寺のラマ僧が彼らに代わる。

(25) タントラは神秘的な教義と儀式に関するサンスクリット文献である。チベット語ではギュと言われる。

(26) 上級ギュと下級ギュ。

(27) これらは、絵を描いた布で覆った粘土製の舞踊の小道具類である。主役の踊り手たちは青銅か銅の剣を持ち、その他の踊り手たちは木製の作り物の剣を持つ。

(28) 「ヤン」とは繁栄、財産。

(29) ウ・カンは「生命の気息の家」。人間の呼吸を餌とする悪魔たちが住んでいるとされる特別の住居。

終章

私は、到着したときと同じように何事もなく平穏にラサを去った。外国人の女性が、二ヵ月間もラサの人々のなかで堂々と生活していたとは、考えてみる者もいなかっただろう。

この旅は、まだ終わるにはほど遠かった。私は、ブラフマプトラ川の岸辺に再び戻って、一連の巡礼旅を新たに企てた。訪れた数ヵ所の興味深い場所のなかで、サムエ寺は、数多くの伝説の舞台となり、チベット国の公的な高位の予言者の一人が住まうところでもあった。そこでは、瀕死の人が吐く最期の息、「命の息」を餌食とする死の悪魔たちが跳ね廻っているといわれている部屋の、封印した扉を見物することが出来た。

ヤルルン地方をも遍歴した。多くの巡礼所や、数え切れないほどの場所を訪れた。この旅についても、語れば直ぐに一冊の本となってしまうだろう。

私はある夜、とうとうギャンツェに着いた。

ギャンツェはチベット第三の都市であり、インドからラサへ向かう幹線道路上に位置している。英国人たちはここに前進基地を建設していた。

私が宿泊するためにバンガローに行ったとき、私がそこで初めて出会ったヨーロッパ人の男は、チベット人の女が英語で話しかけたと思って、驚きのあまり声も出ず、ただ立ちつくした。

バンガローには空いた部屋がなかったので、城砦に行った。このように少しばかり仰々しい名で呼ばれているが、そこは、柵にかこまれた一画であった。イギリスの代理大使は、通常は国境の向こうのシッキムに住んでいて、ここにはその補佐の通商官と数人の役人が滞在していた。役人たちは、医者が一人と、インド人の兵隊の小部隊であった。そこにはまた、郵便局、電信局が置かれていて、現地人の一人の医者とその他の仕事をする者たちも住んでいた。

私はそこでも、驚きをもって迎えられた。私が、中国から徒歩でやって来たこと、未踏の土地を横切り、ラサで二カ月間滞在して、チベット国を八カ月に亘って旅してきたことを語った時には、皆、しばらくは言葉を失って、一言の返答もできなかった。誰もが、「自分の目を疑った」のだった。

英国のこの狭い植民地で、通商官の娘である一人の美しい少女に出会ったのは、私にとって大変嬉しいことであった。ギャンツェに住まいしている紳士たちと同様に、この少女に対しても、私は限りない感謝の気持ちを思い出としている。私は彼らの家で非常に心のこもった気持ちの良いもてなしを受けて、滞在できたのだった。

私はまだギャンツェからインドとチベットの国境までの長い道のりを行かねばならなかった。そこには、幾つかの高い峠があり、氷点下の風が吹きすさぶ険しい台地を横切らねばならなかった。だが、この冒険旅行はもう果たされたのだった。

私は、この家の一室にただ一人でいた。眠りにつくまえに、大きな声で自分にこう言った。

「ラ・ギャロ！　神々は勝利した！」

解説

中谷　真理

一　『パリジェンヌのラサ旅行』について

この旅行記は、一九二七年に、フランス人女性アレクサンドラ・ダヴィッド＝ネール（一八六八―一九六九）によって書かれた。

彼女は、一九二三年秋、中国雲南省の一村を出発して、チベット国境を越え、首都ラサに向かい、そこに二カ月間滞在し、イギリス通商部のあったギャンツェに戻った。チベットは当時鎖国をしていたので、このことが発表されると世界の人々に驚きを与えた。一〇年余の間に四度の入国を試みた後の成功であった。

二〇歳のころ、コレージュ・ド・フランスで東洋学を学んだ彼女は、一九一〇年からインドに滞在し、一二年四月、カリンポンに亡命していたダライラマ一三世に謁見する機会を得て「神秘の国」の文化に心ひかれ、ヒマラヤから眺望したチベット高原の美しさに魅了された。以後チベット文献を読み、高僧に教えを求めて知識を深め、チベットに行きたいとの気持ちを強くした。しかし当時チベットは、宗主国の英国が入国禁止の政策をとっていた。入国を阻止されるたびに彼女はいっそう決心を固め、計画を練り直した。それは厳しい気候や自然、さまざまな危険の中、ヨーロッパ人にとって未踏の地を行かねばならず、また外国人であると見破られてはならない旅であった。

そこで彼女がチベット人の老婆に扮し、息子のラマ僧と托鉢の巡礼旅をするという設定で、数年前にシッキムの寺で出会って以来同行していたチベット人の少年僧アプル・ヨンデン（一八九九―一九五五）と二人だけで徒歩でラサに向かうことにした。キャラヴァンを組まず、充分な装備も持てなかった。

だがそれゆえに、この旅行記は、チベット諸地方の人々の暮らしや習慣、信仰をチベットの巡礼者として観察した類無い記録となった。旅で出会った巡礼や旅人は、彼女をチベット人の老婆と信じて接し、村の農民たちは巡礼のラマ僧の親子として遇した。さまざまな人々がヨンデンにラマ僧としての仕事を頼み、彼は占いや祝福や降雪祈願の儀式を行ったり、瀕死の病人にお経を読んだりした。二人は土地の様子や政治について、道端や囲炉裏端で村人たちから率直な話を聞くことができた。珍しい、ラサでの新年の祭りは、正月を祝う群衆の一人の視点から、目の前で繰り広げられるように描写される。奇跡や迷信を科学的に見極めたいという彼女と、呪術師のラマ僧の孫で、チベットの僧院で教育を受けたヨンデンとの意見の相違も記されている。

なお、新年最初の満月の夜に、ラサの街で催されたトルマの祭りからの帰路に彼女が見た皆既月蝕（第九章一七六頁）は、東京天文台（国立天文台）によると、一九二四年二月二〇日に起こったそうである。先にも述べたように満足な装備のない旅であったために詳細な記録を取ることができず、おおくは日付の明瞭でないこの旅にあって、これのみが確実な日付である。

九章からなる本書は、雄大な自然の描写や、遭遇した数々の事件によって変化に富んだ冒険物語でもある。チベット人が強盗の国として恐れるポ地方の原始林を、足を負傷したヨンデンをかばいながら、大雪のなか、食糧も尽き、一週間絶食でさ迷い、標高五〇〇〇メートルの峠を越えて村に辿り着いたときには、驚いた村人たちに、奇跡だと称えられた。この冒険はポ川の源流を探検したいという探究心から発したものであった。次々と起こる深刻な事件が冷静な楽天主義で受け止められ、ユーモアをもって語られている。自国とはまったく異なった国で、病気や恐怖に襲われても常に的確な判断で切り抜け、役人の目を欺き、襲ってきた強盗を脅かした知性や勇気は感動を与える。時として不幸な巡礼者を心から哀れんで無学な老婆の役を演じていることを忘れ、また極限状態においてもチベットの自然の美しさに感嘆する豊かな感情を持ちつづけた。

チベットの貧しい巡礼者として何も持たず、何にも煩わされず、大自然の中を行く旅の日々は、彼女の言葉によれば「夢みうるかぎりの甘美な生活」であった。

彼女はこの時五〇歳代の半ばであったが、その探究心とヒマラヤへの憧れはいつまでも衰えず、一〇〇歳を過ぎて再び旅するためにパスポートを更新したという。

彼女はチベットの文物に関する研究資料と地理的発見のみ、後に公表しようと考えていたが、帰国後、彼女の旅に興味を持った多くの人々のために本書を著した。出版後、共感と感動を引き起こした本書は、各国語に翻訳されて今も版を重ねている。

書名は原題のとおり、『パリジェンヌのラサ旅行』とした。作者がパリ人であることは、「私の故郷であるパリの精神」という本文の一ヵ所の記述から知られる。そこには、一人の女性が厳しい鎖国を破って入国したという自負心も感じられるが、理性を拠り所として真実を追究する合理主義と、人種や貧富の差を問わず個人の尊厳を重んじるヒューマニズムとに基づく、パリの精神によってこの旅がなされたことを示唆していると思える。

二　アレクサンドラ・ダヴィッド＝ネールの生涯

アレクサンドラ・ダヴィッド＝ネール（幼名ルイーズ・ウージェニー・アレクサンドリン

ヌ・ダヴィッド）は一八六八年一〇月二四日、パリ郊外サン・マンデに生まれた。父、ルイ・ダヴィッド（一八一五―一九〇四）は、南仏トゥールに生まれ、新教徒の教師の家庭に育った。ジャーナリストとなり、共和党を支持して一八四八年の革命に参加したが、一八五一年のクーデターによってヴィクトル・ユゴーと共にベルギーに亡命した。母、アレクサンドリンヌ・ボルクマン（一八三二―一九一六）はブリュッセルのブルジョワ家庭に育った熱心なカトリック信者であった。彼らはブリュッセルで出会って、一八五八年の恩赦によってパリに帰国する。結婚一五年目にして、一人娘アレクサンドラが誕生した。フランスは第二帝政の末期であった。

アレクサンドラの人生の最初に起こった歴史的出来事がある。一八七〇年七月に始まったプロシアとの戦争において、ナポレオン三世は軍と共に捕虜になり、帝国は崩壊し、共和政が宣言された。だが、戦争を続けるかどうかでフランスは二分された。パリ市民はあくまで戦うことを主張して、翌年三月コミューンを成立させた。五月、政府は反攻し、軍隊がパリに入城した。凄惨な市街戦の後、最後まで抵抗した人々は、ペール・ラ・シェーズの墓地の壁の下で銃殺された。この時二歳半であったアレクサンドラは近くからこの惨事を目撃していた。そこに彼女を連れていったのは父であって、そのぼんやりとした映像が記憶に残っていると、後になって、シッキムからの手紙に書いている。

彼女はヴァンセンヌの森の中で遊び、ピアノを習い、読書を楽しんだ。ジュール・ヴェルヌの冒険小説や旅行記を読み耽り、小説の主人公たちが親しい友達となった。「私は彼らのような大旅行をしよう」と心に決めたと、幼年の思い出を記している。

彼女が六歳になると、両親はブリュッセル南郊に転居した。当時のブルジョワ家庭の習慣として、彼女はカルヴィン派やカトリックの寄宿舎に入り、多くの本を耽読した。旧約聖書を読み、人間の真実と知恵の語られている「伝道の書」の詩節を好んだ。このように人生の根本問題への問いを深めて行く少女は、神秘主義に心ひかれ、カルメル会の僧院を訪れたこともあった。ギリシア哲学の本も読んだ。ストア派のエピクテトスを思索の師とし、心身をその方法で鍛えようとした。また中世の聖人たちの生涯から影響を受けて、常軌を逸した苦行や絶食によって自分を訓練したと語っている。

一五歳の夏休みに、彼女は両親と共に過ごしていた北海沿いの保養地から、無断で一人旅に出た。数日間ベルギー側を徒歩で行き、オランダを通り、英国に上陸し、所持金がなくなるまで帰らなかった。彼女はこの二年後、スイスから徒歩で峠を越えてイタリアまで行く、より長期の同様の一人旅を企てた。後にアジアを徒歩で探検する彼女の旅の特徴がこの時すでに認められる。「私は生まれながらの探検家であった。幼いころから、庭の扉、道の曲がり角、地平線の壁の向こうにあるものを求めて逃亡した」と彼女は記している。

父ルイ・ダヴィッド、母アレクサンドリンヌ・ボルクマンと幼年時代の筆者。

一八歳で彼女は突然、オペラ歌手を志して、ブリュッセルの音楽学校に入り、三年後「フランス歌劇」の優等賞を得た。だが、哲学と精神の探究が本心からの望みであり、東洋の宗教には学ぶべき多くの事柄があると思えた。インドに憧れ、旅行を計画し始めた。二〇歳になった彼女は、イギリスに渡り、グノス・スプレム（神智学協会）のロンドンの宿舎に入った。彼女は英語を習得するとともに、この協会の図書室で、インドや中国の文学や哲学の翻訳書を数カ月の間読んだ。だがすべては翻訳だったので、彼女は原書で読みたいと望んだ。

次の目標はサンスクリット語を学ぶことであった。そこで生まれ故郷であるパリに戻った。ソルボンヌやコレージュ・ド・フランスで、シルヴァン・レヴィ教授やエドゥワール・フーコー教授の授業に出て、サンスクリット語やチベット語を学んだ。創設されたばかりのギメ美術館を訪れ、そこに蔵される東洋の神像や仏像の逸品に感銘を受け、図書室で勉強に没頭し、自分の天職が東洋学にあると知った。

一八九〇年から翌年にかけて、成年に達した時に譲り受けた遺産によって、初めてインドに旅行をした。マルセイユを出発し、船旅のあいだ、ウパニシャッド、バガバッド・ギーター、仏典を読み、疲れると海を眺めて思索した。コロンボに上陸し、その地の寺を訪れて、はでな色に塗られたブッダの涅槃像を見て驚いた。それはギメ美術館で見たブロンズの仏像とはかなり異なっていた。生きている仏教がそこにあった。そこからバラモン教の古い聖都マドゥライ、マドラス、神智協会の本部のあるアディヤールを訪れた。

旅は続いた。北の聖都ベナレスへ向かう汽車の旅では、「私は、静穏な瞑想のインド、すがすがしく香ばしい森の陰にいる賢人の苦行者のインドを探しに来た。だが私が出会ったのは、日照りと灼熱と飢饉のインドだった」と記している。地上でもっとも古い町の一つであるベナレスには、あらゆる信仰と悲惨と希望があった。彼女はそこで「バラ園の裸形の老苦行者」スワーミー・バーシュカラナンダと出会った。彼は、昼間は瞑想し、弟子たちに教え、夜はひさしの下の、地面に敷いたむしろに寝ていた。彼は彼女に世捨て人の自由の高貴さを説いた。彼女は、初めてインド思想の深い叡智に接した。ここには数カ月滞在した。

旅はさらに続き、カルカッタに汽車で向かった。ダージリンまで行き、ヒマラヤを眺望したらしい。

彼女は多くの情報や資料を収集し、ヨーロッパに戻った。東洋学を続けたいと思ったが、働かねばならなかった。各地のオペラ座付きのプリ・マドンナを経て、一九〇〇年にチュニスのオペラ座との契約を得た。当時チュニスは、フランス総督部が置かれている、地中海のもっとも活況を呈する大都会だった。二〇年来、フランスによって大工事が進められ、鉄道網も建設中だった。その企画と運営のために呼ばれたフランス人技師の中に、後に夫となるフィリップ・ネール（一八六二―一九四一）がいた。彼はガール県アレス出身の、一〇世紀までさかのぼる古い家柄の新教徒であった。

一九〇四年、彼らは結婚し、チュニスに美しい邸宅を構えたが、彼女がそこにとどまったのは数年間であった。結婚一週間後から旅を始め、夫フィリップに手紙を書いている。彼らの文通は、彼の死まで三七年間続いた。彼女は、旅の途中、インド、中国、日本、ヒマラヤ山中など各地から、夫に詳細に近況を書き送った。これは彼女に関する貴重な資料となっている。

このころ多くの論文を雑誌に発表している。一九〇一年には「インドのマントラ」、「神話の物質的起源と社会制度に対するその影響」、〇四年には、「中国における修道会」、「チベットの聖職者とその教義」、「チベットの宗教的権力とその起源」など、また〇九年には著書『中国哲学における個の理論』を発表した。

一九〇六年以降、彼女は講演をし、人に会い、多くの手紙を世界の各地に書き、インド、中国の文学、哲学に関する研究を深めた。またサハラ砂漠の北辺や西ヨーロッパを頻繁に旅した。〇九年には「現代の仏教徒の著者たち」を書き、一〇年にベルギーのブリュッセル新大学で東洋哲学を教え、一一年、『仏教の近代主義とブッダの仏教』を出版した。同年、フランス政府から給費を得てインドに出発した。三年の予定であったが、延長されて、スリランカ、インド、シッキム、ミャンマー、日本、朝鮮、中国を旅して、結局一三年間アジアに

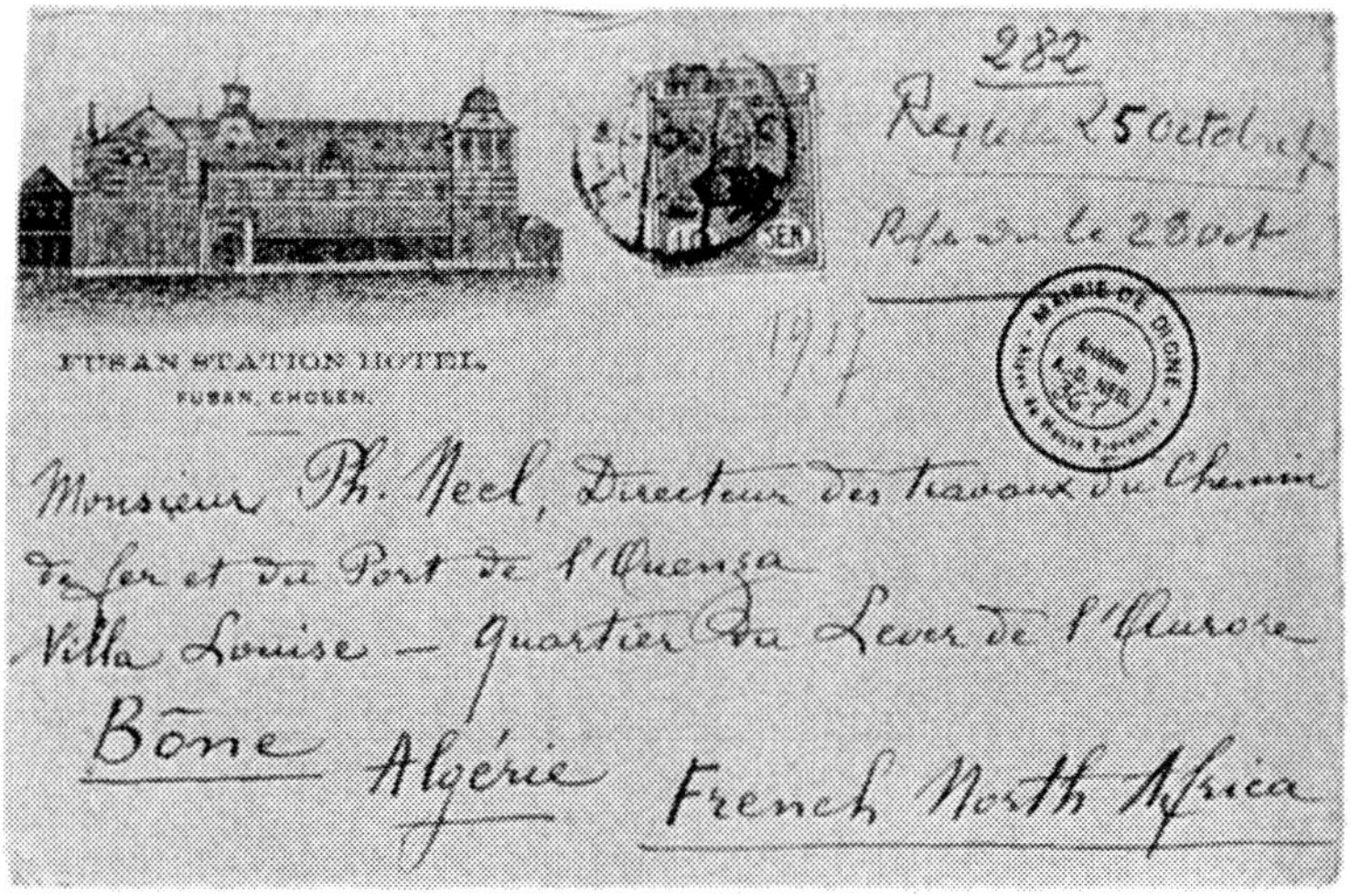

筆者が夫に宛てた手紙（上）。
夫、フィリップ・ネール（左）。

留まることになる。

一二年四月、カリンポンに亡命中のダライラマに謁見する機会を得た。通訳は、シッキムのマハラジャの後継者、クマール・シドゥケオン・トゥルクが付けてくれたダワサンドゥプが勤めた。ダライラマ一三世は、「誰の弟子か、いかにして仏教徒になったか」と尋ねた。彼女は、「私は仏陀の弟子であり、教義に賛同して仏教徒になりました。ヨーロッパには私の生まれる前に『ラリタヴィスタラ』が翻訳されています」と答えた。ダライラマは、驚いたらしい。「外国人はいかにチベット語を学び、仏典を読もうとも、真の意味を理解することは難しいだろう」と言い、彼女の教理上の疑問に対しその場で答え、また後に手紙でも答えてくれた。そして彼女にチベット語を学ぶように勧めた。

彼女は寺々を訪れて、チベット文献を読み、高僧に学び続けた。このころシッキムの寺で、チベット人の少年僧アプル・ヨンデンに出会う。彼はシッキムの一小村マンドに生まれ、父は地主の役人、祖父は呪術師のラマ僧であった。八歳で叔父のいる寺に入った。一五歳のころアレクサンドラ・ダヴィッド＝ネールの弟子となり、以後常に彼女に付き従い、クムブム近郊の寺で学び、アジア、ヨーロッパ各地を旅行した。一九二九年、正式に彼女の養子となった。五五年南仏ディニュ市において五六歳で逝去するまで彼女の旅行と研究を助けた。

一九一四年一〇月から一六年七月まで、彼女はシッキムのラチェンの僧院長であるゴムチェン（苦行者）の弟子となった。三九〇〇メートルの急斜面にある洞窟で隠者の厳しい生活を送り、チベット語とチベットの密教修行者の生活、教義、信仰、呪術の儀式を学び、瞑想の方法を会得した。洞窟の中で数日間行ったツァムという修行は、誰とも会わず、食べ物は誰かが呼び鈴を鳴らして置いて行った。この完全な孤独は魂を休めるものだったと彼女は語っている。ツモ（体内熱）と呼ばれる秘術も訓練した。凍り付いた川に入り、ぬぐいもせず、衣服も着ず、夜に不動の姿勢で瞑想して過ごした。ゴムチェンは彼女に「知恵の灯」という名を与えてくれた。やがてゴムチェンが孤独の瞑想に入る時期が来て、彼女は去らねばならなかった。

一六年、シガツェ（チベット）のタシルンポ寺にいるタシラマに会いに出かけた。タシラマは彼女に、タシルンポ寺に留まって学問をするように勧め、住居や図書や優秀な学僧や苦行者の紹介など、全ての便宜を図ってくれようとした。だが、この訪問によって彼女は、イギリス公使から無断チベット入国のかどで、チベット入国禁止と、一四日以内のシッキム退去を命じられた。この事が、ラサ行きを決意する大きな動機となったのである。

その後、彼女はダージリンに戻り、カルカッタに行き、ビルマを訪れた。一七年、日本を訪れ、鎌倉と京都に六カ月間滞在した。日本の仏教学者に会い、河口慧海に再会している。京都の東福寺では熱心に座禅をした。さらに旅は続き、北京から、広大な中国を旅し、一八

◇珍らしいお客様

◇佛蘭西からお釋迦様のお弟子が

——日本の佛教研究の爲め河口慧海師を訪ねて来た——

▽歿した鐵道總長官の令夫人

◇佛蘭西婦人が訪ねて

◇眞宗の教義を聞いた

◇其の來歴を聞いて

◇精進料理の中食が出て

○大當の麥酒の御馳走（中）

噺の様な東京市の第一回選擧

日本滞在中、河口慧海邸を訪問したときの記念写真。右はヨンデン。大正6年3月10日付け『時事新報』に掲載された。

年アムドのクムブム寺に行き、三年間滞在して、般若経を研究した。二一年から二二年にかけてゴビ砂漠とモンゴルを探検する。

二三年秋、雲南省の一村に着いた。ここから本書に記されるラサ行きの旅が始まり、二四年二月ラサに入り、五月にギャンツェに戻った。

二五年五月、フランスに帰国した彼女は、「鎖国中の国を征した女性」として、熱狂的に迎えられ、パリで三回の記念すべき講演を行った。地理学会では、チベット踏査行について話し、またコレージュ・ド・フランスのダルソンヴァル教授に招かれ、チベット仏教における修行法の心理・生理的側面について講演した。翌年五月には、ギメ美術館で講演し、部屋に入りきれないほどの聴衆を集めた。

二七年、本書『パリジェンヌのラサ旅行』をフランス語と英語で出版し、大きな反響を得た。彼女がヨーロッパ文壇に力強く登場した事実上のデビュー作である。

時のフランス大統領ガストン・ドゥメルグをはじめ、多くの読者が続編を望んだ。そこで一二年から二二年までの旅について『チベットの神秘家と呪術師』（一九二九）、二一年から二三年の中国北部旅行について『強盗と紳士たちの国』（一九三三）を出版した。

二八年、パリの喧騒を避けて南仏ディニュに落ち着き、その住まいを「サムテン・ゾン（瞑想の館）」と名づけた。古い街道沿いの山々に囲まれた温泉の湧く村で、彼女は執筆に勤しみ、時には山に登りキャンプをして遠いヒマラヤを懐かしみ、瞑想をして過ごした。

三〇年には『ラマ教入門』、三一年に『リンのゲサールの超人的生涯』を出版し、三五年には、彼女の初めての小説、『五つの知恵を持つラマ僧』を出版した。

三七年、六九歳の彼女は、二度目のアジア大旅行となる旅を始める。パリを発ち、モスクワを経由してシベリア鉄道で北京に向かった。彼女の計画では、北京に数年間滞在し、そこを拠点にして道教の研究をしたり、満州を旅するつもりであった。六月、五台山を訪れ、チベット僧院に滞在して、文殊菩薩の伝説を収集しようとした。だがこの旅が、思わぬ結果となった。七月、日華事変が始まり、彼女は、北京に帰ることなく、爆撃を逃れて、五台山から、太原、石家荘、武漢、成都、康定（タチェンル）と旅することになった。この戦時下の不自由で危険な旅の記録を『暗雲のもとで』（一九四〇）に書いた。

七月、康定（タチェンル）に着く。この町は、高度二七〇〇メートルに位置する古いチベットの交易の町であったが、中国領になっていて、兵士と難民が溢れていた。戦乱によって道が閉ざされ、四四年まで滞在することになる。この間彼女は、目撃した戦争の災禍のメモを取った。それをまとめたものが『広大な中国の未開の西部地方で』（一九四七）である。

一九四一年、夫フィリップ・ネール死去の知らせを受けている。このような悪状況においても、研究を怠らず、僧院を訪れて、チベットの苦行者たちの神秘的な修行や教義に関する多

ツォンカパ生誕の地に建つクムブム寺の伽藍(1920年ころ)。アレクサンドラ・ダヴィッド＝ネールは1918年7月から1921年2月までヨンデンと共に滞在した。

くの資料を収集した。

四六年、ダージリン、カルカッタを経て、一〇月にディニュに戻る。七八歳の彼女は、著作と瞑想と庭仕事の静かな生活を取り戻し、二度の大旅行で持ち帰った資料を研究することになる。五一年に『インド、昨日、今日、明日』、サンスクリット語からの訳書『アストラヴァクラ・ギーター』、『チベット仏教徒の秘伝』、五二年に『チベット未公刊文献』、五三年に『新しい中国と対する古いチベット』を出版する。五四年、チベットを舞台にした小説『無の力』(ヨンデンとの共著)を出版。同年、これまでの旅で出会った秘教の行者たちの風変わりな世界を描く『神秘の呪文』を書き始めたが、出版されたのは七二年であった。

五五年一一月、四〇年間ともに暮らしたヨンデンがディニュで死去する。彼女は一年後、パリで彼の追悼講演を行った。彼女は彼について、控え目で寡黙なチベットの思索家であり、仏教の根本的な教え、不放逸を実行していたと追憶し、『ダンマパダ』の一句、「不放逸は死の超越へと導く道である」を引用している。五八年、『アヴァドゥータ・ギーター』を出版。それは、若い日、彼女がベナレスで数人のバラモンと読んだテキストであった。同年、ヨンデンとの共著『超越的認識、チベット語本文と注釈による』を出版する。二〇年代にクムブム寺で、ヨンデンとともに訳し、注釈を加え、解釈して研究した般若経類の解説書である。彼女はこの著作を自身の最後のものと考えていた。

六〇年、現代人のための仏教概説書『ブッダの仏教、その教義と方法およびチベットにおける大乗的、密教的発展』を出版。二五〇〇年前に生まれた仏教が現代においても価値があり、仏陀の教え、「弟子たちよ、私は一つのことしか教えない。苦しみと、苦しみからの離脱である」を知ることによって、現代人も幸せになりうると記している。その後、『不死と転生、教義と実践、中国、チベット、インド』(一九六一)、『中国の拡張の四〇世紀』(一九六四)を出版する。

彼女は最晩年まで読書と思索を続けた。絶筆は、「環境にみずからを適応させるよりは、現れる障害を乗り越え、取り去り、克服すること……」であった。その二週間後、一九六九年九月八日、「瞑想の館」で一〇〇歳と一〇カ月の寿命を全うした。

旧居は、今はアレクサンドラ・ダヴィッド＝ネール記念館となって、ラサ旅行の携帯物や、生前のままに残された書斎、チベットや日本の仏像やタンカで飾られた祈禱室が展示され、晩年の秘書であったマリー・マドレーヌ・ペイロネさんが管理している。ディニュ市は一九八七年にアレクサンドラ・ダヴィッド＝ネール、ラマ・ヨンデン文学賞を設け、毎年中国、インド、チベットに関する優れた出版物に授与している。

彼女の持ち帰った資料は、パリ国立図書館、人類学博物館、ギメ美術館に収められた。探検と研究にその生涯を捧げた彼女が残した多くの著作は、今日も多くの読者を楽しませ、人間の叡智に関する彼女のメッセージを伝えている。

［補記］

本書をパリの書店で偶然に見つけて以来一〇年余が過ぎた。この間、彼女の著作はフランスで幾度も再版され、新たに彼女の伝記、生涯を紹介するCD-ROMや写真集も出版されて広く読者に支持されている。今日的価値を増している彼女の書を日本の読者に紹介する機会に恵まれたことをたいへん嬉しく思う。翻訳を進めるにあたって、訳語をはじめとして、すべて一から学ぶことばかりであった。多くの方々から直接、間接にたまわったご教示に深く感謝する。

さいごに、本訳書の編集について種々尽力をくださった編集部の福島達男氏に心からお礼を申し上げる。

著作目録

I　アレクサンドラ・ダヴィッド＝ネール著作目録

1. *Pour la Vie*, Bruxelles, Belgique, Bibliothèque des Temps Nouveaux, 1898.　下記 28. *En Chine* (Paris, Plon, 1970) 中に再録。
2. *Le Philosophe Men-ti* (*ou Mo-tse*) *et l'idée de solidarité*, Londres, Luzac et Cie, 1907；パリからは *Socialisme chinois, Men-ti et l'idée de solidarité* (Paris, Giard et Brière, 1907) として出版。下記 28. *En Chine* (Paris, Plon, 1970) 中に再録。
3. *Les Théories individualistes dans la philosophie chinoise*, Paris, Giard et Brière, 1909.　下記 28. *En Chine* (Paris, Plon, 1970) 中に再録。
4. *Le modernisme bouddhiste et le bouddhisme du Bouddha*, Paris, Alcan, 1911.　*Le Bouddhisme du Bouddha* という題で再版 (Paris, Éditions du Rocher, 1977)。
5. *Souvenir d'une Parisienne au Tibet*, Pékin, 出版社不明，1925.
6. *Voyage d'une Parisienne à Lhassa, à pied et en mandiant de la Chine à l'Inde à travers le Tibet*, Paris, Plon, 1927.
7. *Mystiques et Magiciens du Tibet*, préface de A. d'Arsonval, membre de l'Académie des sciences, Paris, Plon, 1929.

8. *Initiation lamaïque. Des théories, des pratiques, des hommes*, Paris, Adyar, 1930.
9. *La vie surhumaine de Guésar de Ling, le héro tibétain, racontée par les bardes de son pays*, ラマYongdenとの共著, Paris, Adyar, 1931. *La vie sur-humaine de Guésar de Ling* の題で再版 (Paris, Le Rocher, 1978)。
10. *Aux Pays des Brigands gentils hommes. Grand Tibet*, Paris, Plon, 1933.
11. *Le Lama aux cinq sagesses, roman tibétain* (ラマYongden との共著), Paris, Plon, 1935.
12. *Magie d'Amour et Magie Noire. Scènes du Tibét inconnu*, Paris, Plon, 1938.
13. *Sous des Nuées d'orage*, Paris, Plon, 1940.
14. *A l'ouest barbare de la vaste Chine*, Paris, Plon, 1947.
15. *Au Coeur des Himalayas, Le Népal*, Bruxelles, Dassart, 1949. 再版 : Paris, Pygmarion, 1978.
16. *L'Inde. H, aujourd'hui, demain*, Paris, Plon, 1951.
17. *Astavakra Gîtâ, Discours sur le Vedânta advaïta*, (*traduit du sanscrit*), Paris, Adyar, 1951.
18. *Les Enseignements secrets des Bouddhistes tibétains, La vue pénétrante*, Paris, Adyar, 1951.
19. *Textes tibétains inédits traduits et présentés par A. David-Néel*, Paris, La Colombe, 1952. 再版 : Paris, Pygmarion-Gérard Watelet, 1977.
20. *Le Vieux Tibet face à la Chine nouvelle*, Paris, Plon, 1953.

21. *La Puissance du néant*（ラマ Yongden との共著), Paris, Plon, 1954.
22. *La Connaissance transcendante d'après le texte et les commentaires tibêtains*, Paris, Adyar, 1958.
23. *Avadhuta Gîtâ de Dattatraya. Poème mystique Vedânta advaïta*, Paris, Adyar, 1958.
24. *Le Bouddhisme du Bouddha, ses doctorines, ses méthodes, et ses dêveloppements mahayanistes et tantriques au Tibet*, Paris, Plon, 1960. 再版 : Paris, Éditions du Rocher, 1977, 1989.
25. *Immortarité et réincarnation. Doctorines et pratiques. Chine, Tibet, Inde*, Paris, Plon, 1961.
26. *Quarante siècles d'expansion chinoise*, Genève-Paris, La Palatine, 1964.
27. *L'Inde où j'ai vécu. Avant et après l'indépendance*（16. *L'Inde. Hier, aujuourd'hui, demain* の増補改定版), Paris, Plon, 1969.
28. *En Chine. L'amour universel et l'individuarisme intégral. Les Maîtres Mo-Tsé et Yang-tchou*, Paris, Plon, 1970.
29. *Le Sortilège du Mystère*. Paris, Plon, 1972.
30. *Jounal de voyage 1. Lettres à son mari*（*11 août 1904-27 décembre 1917*), Paris, Plon, 1975.
31. *Vivre au Tibet. Cuisine, traditions et images*, Morel éd., 1975. *Gargantua au pays des neiges* の題で再版 (Éd. Dharma, 1993)。
32. *Journal de voyage 2. Lettres à son mari*（*14 janvier 1918- 3 décembre 1940*), Paris, Plon, 1976.

33. *Astravakra Gîtâ - Avadhuta Gîtâ*（上記17. と23. を合わせての再版), Paris, Le Rocher, 1979.
34. *Le Lampe de Sagesse*, Paris, Le Rocher, 1986. Jean-Paul Bertrand 編。
35. *Sodêtchen l'invisible, conte tibêtain*, illustrations de M. Mille, Digne Les Bains, Fondation A. David-Nêel, 1990.
36. *Grand Tibet et Vaste Chine, Récits et Aventures*（上記 1, 10, 13, 14, 20. の 5 著作を合わせての再版), Paris, Plon, 1994.
37. *Pour la Vie et autres textes libertaires inédits 1895-1907*, Paris, Les nuits rouges, 1998.（1. の再版とその他の未出版稿を合わせる）

II　アレクサンドラ・ダヴィッド＝ネールに関する著作目録

1. *Alexandra David-Néel, Aventure et spiritualité*, Jacques Bross, Paris, Albin Michel, 1978.
2. *Le Tibet d'Alexandra David-Nêel -album photos*（写真集), F. Borin, Paris, Plon, 1979.
3. *Le Lumineux Destin d'Alexandra David-Nêel*, Jean Chalon, Paris, Libraire Acadêmique Perrin, 1985.
4. *Alexandra David-Néel, Voyages et aventures de l'esprit*, Jean Mouttapa et Marc de Smedt, Paris, Albin Michel, 1985.
5. *Sept femmes au Tibet*, Marie Jaoul de Pon-

cheville, Paris, Albin Michel, 1990.
6. *Dix ans avec Alexandra David-Néel*, Marie-Madeleine Peyronnet, Digne Les Bains, Fondation Alexandra David-Néel, 1992.
7. *Les Itinéraires d'Alexandra David-Néel*, Joël Désiré-Marchand, Paris, Arthaud, 1996.
8. *Alexandra David-Néel, " La femme aux semelles de vent "*, CD-ROM, Fondation Alexandra David-Néel, Paris, Plon, 1996.
9. *Alexandra David-Néel, De Paris à Lhassa, de l'aventure à la sagesse* (写真集), Joëlle Désiré-Marchand, Paris, Arthaud, 1997.

中谷真理《なかたにまり》

1947年埼玉県生れ。南山大学文学部卒。
専攻　フランス哲学

パリジェンヌのラサ旅行 2（全2巻）　東洋文庫656

1999年7月7日　初版第1刷発行

著　者　A.ダヴィッド=ネール
訳　者　中谷真理
発行者　下中直人
印　刷　創栄図書印刷株式会社
製　本　株式会社 石津製本所

発行所
電話編集 03-5721-1255
営業 03-5721-1234
振替 00180-0-29639
〒152-8601
東京都目黒区碑文谷 5-16-19
株式会社　平凡社

ワイド版東洋文庫 656
パリジェンヌのラサ旅行 2

2009年9月25日　発行

A. ダヴィッド=ネール
訳　中谷真理
発行者　下中直人
発行所　株式会社平凡社
〒 112-0001　東京都文京区白山 2-29-4
TEL 03-3818-0742（編集）03-3818-0874（営業）
振替 00180-0-29639
URL http://www.heibonsha.co.jp/
製版画像編集　株式会社マイトベーシックサービス
表紙制作　小規模作業所「あかり家」
印刷・製本　株式会社友美社

I0 656

ISBN978-4-256-80656-2　NDC 分類番号 955　A5 変型判（21.0cm）　総ページ 256